幕末・明治の英傑たち

幕末・明治の英傑たち

はじめに

日本人がやってのけた、歴史上最大級の〝軽業〟は「明治維新」ではなかったろうか。その後世に与えた影響は、おそらく古代の「大化改新」とならぶものがあったかと思われる。

わずかな期間で、ほとんど流血をみず、それ以前の幕藩体制下のあらゆるものを捨て去り、文明開化＝まったく新しい社会を出現させた。これが革命だとすれば、これほど奇術のような革命は、世界史においても稀有であろう。

大化改新は蘇我入鹿《そがのいるか》を暗殺し、クーデターを起こして、律令の備わる国家となるまで（大宝律令が制定されるまで）、約五十六年かかっている。

翻って明治維新を眺めれば、嘉永六年（一八五三）六月のペリー来航にはじまり、開国と攘夷との対立、勤皇と佐幕の抗争を踏まえ、最後の将軍となった徳川慶喜の決断により、慶応三年（一八六七）十月十四日の大政奉還、それを受けての王政復古の大号令（同年十二月九日）、鳥羽・伏見の戦いに端を発した戊辰戦争、江戸無血開城を挟んでの、わずかな内戦を経て、明治二年（一八六九）六月には、ほぼ終息をみた。この間、わずかに十数年でしかなかった。

大日本帝国憲法の発布まで入れても、三十六年である。本当に、奇跡のような改革であった。

しかし、この奇術のように見える明治維新も、一つ一つの事件を立ち止まって検証すると、そこに生命《いのち》を懸け、必死に明治維新を駆け抜けた人々の姿があった。

本書は「明治維新」をキーワードに、有名無名の人々の活躍を、その生涯における一番重要かと思われる時期を中心に、人物列伝としてまとめたものである。

詳しくは、目次を参照していただきたい。幕末・明治とはいかなる時代であったのか。誰がどのような役割を担ったのか、読者諸氏に関心と造詣を持っていただけたならば、著者として、これに過ぐる喜びはない。

歴史に学ぶということは、時代の流れを読み、その法則性を摑《つか》み、未来を考えることに尽きる。できれば、前作『戦国武将の生命懸け損益計算書』も併読していただければと思う。

最後になりましたが、本書の帯に推薦文をお寄せいただいた、筆者の敬譲《けいじょう》する名キャスター・小倉智昭氏、本書を担当してくださった株式会社土屋書店の編集長・櫻井英一氏、同編集部・山森京子さんに厚くお礼を申し上げます。

平成二十一年　冬　東京練馬の桜台にて

加来　耕三

目次

序章　坂本龍馬を巡る人々——9

第一章　幕末の知られざる英雄たち　53

第二章 明治維新の群像

第三章　抵抗者たちの軌跡

第四章　明治日本　近代化への躍進――207

序章　坂本龍馬を巡る人々

坂本龍馬の原動力 ① 知識と人脈

唐突ながら、日本史に「友情」という単語が出てくるのは、おそらく幕末近くになってからのことではないか、とふと思ったことがある。

古来より日本には、「友情」を哲学や行動の規範としてとらえる習慣がなく、学問的にも成立する土壌をもたなかった。むしろ中世、近世の封建社会をみると、これを触発し培養するのには不向きであった、とすらいえる。

また、江戸期の幕藩体制が成立すると、それこそ気の遠くなるほどの、身分格差が生まれた。

ところが、幕末近くになると、日本にも濃厚な「友情」が発露されはじめる。この行動規範は、たとえば蘭学を専攻する研究者たちの間に芽生えた。

日本の黎明期を告げた、オランダ原書の翻訳、解剖書『解体新書《かいたいしんしょ》』の成立は、多分に同志的結束による共同作業であったが、その過程は一冊の書物に幾人もの蘭学者が鳩首《きゅうしゅ》し、一語一語を謎を解くように考える作業を押し進めたものであった。彼らは身分も、出身も異なっていた。が、蘭学を学ぶ者が等しくもっていた使命感から、翻訳を目的に、自発的に集った人々であった。

さて、小説の世界では北辰一刀流の使い手であるらしい坂本龍馬だが、彼が実際に成し遂げた歴史的功績としては、薩長連合が重大であり、この秘密同盟は、本来、蘭学——正確にはその分派に連なる西洋流砲術、兵学を学んだ人脈の中に成立していた。龍馬は十六歳の時点で、すでにオランダ語を学んだ形跡があり、十代後半は土佐藩を代表する西洋流砲術家・徳弘孝蔵《とくひろこうぞう》の門下生として、高弟のレベルに達していた。十九歳の時点では、佐久間象山《さくましょうざん》の西洋流砲術の私塾にも入門している。のちに龍馬の生涯の師となる勝海舟は、この佐久間の義理の兄にあたった。

――読者諸氏には、少し立ち止まって考えていただきたい。

龍馬は土佐脱藩の郷士にすぎなかったが、もと越前福井藩主の松平慶永《まつだいらよしなが》（春嶽《しゅんがく》）をはじめ、薩摩や長州の著名な藩士たち、長崎や下関の豪商など、実に多くの身分を超えた人脈をもっていた。

天下の素浪人が、幕府海軍の大立者（海舟）に突然、会いにいき、面会できたとの空絵事《フィクション》を、本当に信じておられるのであろうか。もともと歴史には、飛躍がない。着実に一つ一つ積み重ねたもの＝彼の学んだ西洋流兵学の素地に、すべての秘訣はあった、と筆者はみなしている。

龍馬には、あらゆる階層の人々に語り得る共通の言語＝豊富な西洋流兵学の知識、神戸海軍操練所（正しくは隣接の私塾）での実習経験があった。蘭学は新しい学問である。儒学のようなタテの形式を重んじず、それこそ「友情」が存在する世界であった。

裏付けのない人間に、しかるべき人物は共鳴したりはしないものだ。

龍馬にはこれからの日本がどうあるべきなのか、といった西洋流兵学―さらには、海軍に裏打ちされた自問自答が用意されていた。だからこそ、彼は活躍できた、と考えるべきであろう。

坂本龍馬の原動力　②　商うことを知っていた

幕末・維新のころ、日本には際立った結社が二つあった。ひとつは新撰組《しんせんぐみ》であり、もうひとつは坂本龍馬の率いる亀山社中《かめやましゃちゅう》（のちの海援隊《かいえんたい》）である。

この二つの結社は、浪士の集団であるとともに、各々は背後に資金源＝パトロンを抱えていた。新撰組は会津藩預かりの形式で幕府の扶持《ふち》を受け、亀山社中は薩摩藩の庇護、のちの海援隊は土佐藩から給与を受けた。だが、その内容はといえば、決定的な相違があった。

新撰組はときの政府・徳川幕府に拠《よ》って、攘夷の先鋒たらんとし、〝皇城下の治安〟を主要な任務とした。いきおい、〝天誅〟をはたらく過激派志士の取り締まり、殺戮を担当することになる。

これとは逆に、龍馬の一党は、朝廷を拠りどころに攘夷を推進するため、現政権＝徳川幕府の打倒を目指した。つまり、この二つの結社は、現秩序を肯定するか否かによって、大きく立場を相違していたといえよう。その差を示す一つには、これら結社双方の給与体系が挙げられる。

徳川体制下の治安を守るため、保守的立場の結社である新撰組は、旧来の身分や階層をそのままに、〝組織〟を統制するシステムをとった。局長の近藤勇《こんどういさみ》は五十両、副長の土方歳三《ひじかたとしぞう》は四十両、助勤の沖田総司《おきたそうじ》らは三十両。ベテラン隊士で十両、平隊士は三両の月給が支給されている。

ところが、結党以来、「社中は共同の運命に生きる」との建て前を採用してきた亀山社中は、組織を統御する方法として、新しい時代の可能性〝平等〟の原則を貫き、会計さえ公開して人件費は平等に分配した。ちなみに、隊長である龍馬も、平隊士である伊達小次郎《だてこじろう》（のちの陸奥宗光《むつむねみつ》）らも、給与は一カ月、均一の三両二分であった。

少し乱暴に、一両を現在の貨幣の四万円として換算してみると、近藤勇の月給二百万円は龍馬の約十六倍になる。些か唐突だが、この両隊長の差異が維新の成否を二分したといえなくもない。

硬直化した組織体制の中で、安定した高額所得を得ていた近藤に比べ、「足りない分は自分たちで稼げばよい」とうそぶいた龍馬の姿勢にこそ、〝回天〟のカギがあったのではなかろうか。

龍馬は倒幕というスローガンや、政治的折衝のみで、次代の扉を開くことの至難である現実を知っていた。たとえば、犬猿の仲の薩摩（現・鹿児島県）と長州（現・山口県の一部）を和解させ、倒幕の方向に連合させるには、主義主張といった大義名分だけではおぼつかない。なにしろ、両者は面子《メンツ》にこだわる西国の雄藩である。利をもって、人心を融和していくしかなかった。

そう判断した龍馬は、経済的接近を計り、幕府の第二次征伐を目前に、苦境に立つ長州藩にとって必要な新鋭銃器、最新式軍艦の入手を、未だ幕府の味方と見られていた薩摩藩名義で、亀山社中が仲介・運搬する方法を考え出した。汽船の旗は薩摩藩、代金は長州藩もち。輸送などの運営は社中といった分担方式こそ、いわば薩長連合を実現させたカギであった。

それにしても、このような龍馬の発想は、封建的社会に在る人物としては余りにも奇異すぎるといえなくもない。

——少し、横道にそれることをお許しいただきたい。

もともと、〝志士〟という言葉は、

「志士は求めて仁を害することなし、身を殺して以《もっ》て仁を成すことあり」（『論語』）

「志士は溝壑《こうがく》（谷間）に在るを忘れず、勇士は其の元を喪《うしな》ふを忘れず」（『孟子』）

などを出典としたものであった。が、幕末も初期の段階では、いまだこの言葉は流行していない。

「処士横議」という熟語が、盛んに使われている。タテ組織の幕藩体制をヨコの意思疎通で批判したのが起こりで、吉田松陰《よしだしょういん》や頼山陽《らいさんよう》・横井小楠《よこいしょうなん》らが、「有志之士」さらには、「志士」という言葉を使用。全国へ流布されたものの、「志士横議」＝志士はもっぱら、政治的発言や評論を行なう下級武士や百姓・庄屋などをさした。言い換えれば、「志士」たちは政治活動をするには資金源が必要であり、ある者は藩政府から、別の者は理解ある豪商や有力庄屋などの援助を受けた。

ところが、龍馬は活動資金を得る行為そのもの、政治的な活動をする前提を、当初から目的化していたのだ。亀山社中が発展的に解消され、再発足した海援隊の〝約規〟には、「運輸、射利《しゃり》、開拓、投機」と隊の仕事を明記している。「射利」とは利益を目的とした商取引のことで、このような例は他の志士団には見られない。

一体、龍馬はどのようにして、かくのごとき独創性を身につけたのであろうか。

坂本龍馬の原動力　③岩崎弥太郎との違い

「世界の海援隊」をめざしたとされる、龍馬の独創性はその出生に拠っていたかと思われる。

龍馬の祖先が元禄年間（一六八八〜一七〇四）、すでに高知城下に出て、「才谷屋《さいたにや》」と号する質屋・酒屋を開業し、成功をおさめていたのは周知のとおりだ。才谷屋はその後も代々繁昌を重ね、八郎兵衛《はちろべえ》直益《なおます》の代で坂本家の郷士株を取得し、長男・兼助《かねすけ》（八平直海《はちへいなおみ》）を分家させて郷士・坂本家の祖とした。本来は、長男＝本家として武士に立てたかったようだが、藩法で実現できなかったため、財産は本家と分家の比率をほぼ同じにしたという。

龍馬は八平直海から数えて、三代の八平直足《なおたり》の次男（末子）として生まれ、先祖の遺徳で裕福に育った。分家とはいえ坂本家と才谷屋の往来は頻繁で、俗謡に、「浅井金持、川崎地侍、上の才谷屋道具持、下の才谷屋娘持」と謳われた才谷屋の繁栄を、坂本家も代々ともにしてきたようである。

龍馬が生まれた天保六年（一八三五）頃、土佐藩（現・高知県）は深刻な財政難に陥り、財政緊縮政策による藩政改革を断行していたため、藩士は極度に窮迫していた。

しかし、坂本家には家禄百六十一石八斗四升の外にも収入があり、幼少の龍馬は一向に金の不自由さを身につけることがなかった。しかも、ペリーが来航した嘉永六年（一八五三）三月に始まった、龍馬の江戸での修行は安政元年（一八五四）四月、一旦は帰国して中断したものの、再び安政三年に出府を再開するといった具合に、実に悠々たるものであった。

何不自由なく生活してきた龍馬が、金に困りはじめるのは、文久元年（一八六一）八月、土佐勤王党の結成に加盟してからである。「志士」としての活動をはじめると、家から資金を仰ぐことが難しくなったようだ。翌文久二年三月、いよいよ脱藩の身となると、龍馬は生まれてはじめて金の有り難みが身にしみる。温厚な兄・権平の説得を振り切り、龍馬は親戚の弘光左門に旅費・十両を借用し、家伝の宝刀を手に出奔。伊予路から内海を越えて、一説に下関へ出た。

西洋流砲術や蘭学を学ぶかたわら、ジョン万次郎の見聞を『漂巽紀略《ひょうそんきりゃく》』にまとめた河田小龍《かわだしょうりょう》を訪問した龍馬は、〝尊攘〟の対象である欧米列強が、日本にとって強敵であることを朧気《おぼろげ》ながら摑んだようだ。同年六月十一日、大坂に到着してから江戸に現われるまでの龍馬の足どりは、脱藩者であり、土佐藩参政・吉田東洋《とうよう》暗殺の嫌疑者の一人でもあったために不明だ。このあと龍馬は、幕臣・勝海舟のもとを訪ねるのだが、これが彼の一大転機となったことは間違いない。

文久三年四月、海舟に神戸海軍操練所、隣接の海軍私塾開設の許可が下りて以降、龍馬の行動はその軍資金も含め、海舟の恩恵に負うところが大きかった。龍馬は海舟のとりなしによって、脱藩の咎を許され、同志を誘って神戸で航海術を習得。元治元年（一八六四）十月、海舟が江戸に召還されて神戸海軍操練所が閉鎖されると、海舟の伝手《つて》を頼って薩摩藩の庇護をうけた。

薩摩藩家老・小松帯刀《こまつたてわき》の暗黙の了解のもと、長崎の亀山の民家を拠点に、薩摩藩士の身分を借りて、藩の海運や物資輸送に従事（亀山社中設立）する。

亀山社中でも、海援隊となってからも、龍馬は商業的に成功したとはいいがたかった。

伊予（現・愛媛県）大州《おおず》藩がオランダから購入した「いろは丸」に、武器弾薬やその他の貨物を載せて輸送するという、海援隊第一回の航海で、御三家の一・紀州（現・和歌山県）藩の「明光丸」と海上で衝突、沈没する事件を引き起こしてもいた。このとき龍馬は、「いろは丸」の非を一切認めることなく、すべてを「明光丸」の責任とし、土佐藩を中心に薩・長両藩の支援を得て、結局は五《ご》代才助《だいさいすけ》（友厚《ともあつ》・薩摩藩士）の調停により、賠償金八万三千両（実際は七万両）もの大金を取得している。

海援隊の商業ベースでの成功は、会計係として参加した岩崎弥太郎《いわさきやたろう》の、〝三菱〟創業まで待たねばならなかった。弥太郎は海援隊の中から、私設海軍という最もリスクの高い隊務をはずし、貿易・海運にしぼり込んで、自らの事業としたところに成功があった。彼は龍馬を反面教師としたわけだ。

だが、「船中八策」や大政奉還に関与した龍馬なればこそ、みごとに「志士」の目的である〝回天〟を成し遂げ得たともいえる。

それは〝経済〟に人一倍の関心を寄せながらも、金銭に執着することなく、広い人脈をもって活動するとともに、多くのパトロン＝後援者を得て結社を設立・維持した、龍馬であればこその大業であった。換言すれば、岩崎弥太郎に〝回天〟は担えなかったに違いない。

1836〜1867

坂本龍馬とその妻・お龍　①寺田屋襲撃の模様

明治維新に奔走した土佐脱藩の郷士・坂本龍馬には、婚約者が一名、妻が別に一名いた。

婚約者の名を、千葉佐那《ちばさな》（さな、佐那子とも）という。

江戸で北辰一刀流の道場を開いていた千葉定吉《さだきち》の娘で、彼女は生涯を独身ですごし、龍馬の妻として一日も暮らすことなく、その生涯を終えていた（享年五十九）。

一方のお龍《りょう》は、期間にして三年余、龍馬の妻の座にあったが、夫の死後、再婚して三十余年の別な人生を暮らした。が、その墓碑にはなぜか、「贈正四位阪《ママ》本龍馬の妻龍子之墓」と刻まれていた。

彼女がこの世を去ったとき、再婚した夫・西村松兵衛はいまだ存命している。何とも、不可解な最期ではなかったか。

もともと、日本史におけるお龍の最初＝登場のしかたも、不可解、奇想天外であった。

慶応三年（一八六六）正月二十四日、伏見の寺田屋において、お龍の夫・龍馬が、幕府の捕方に襲われたおり、その危機を救うべく、彼女は登場した。

――この時、お龍は入浴中であったという。

騒然とした外の物音を聞いて、彼女は風呂から飛び出し、浴衣を打ちかけては走った、と明治の自由民権運動家で、作家の坂崎紫瀾《さかざきしらん》は自著『汗血千里駒《かんけつせんりのこま》』に描いている。

それが維新史料編纂を委嘱された川田雪山の筆によると――お龍本人にインタビューした『千里《せんり》駒後日譚《のこまごじつのはなし》』では――入浴中に槍を肩先に突き出され、お龍は「濡れ肌に袷《あわせ》を一枚引っかけて」裸足で庭先に飛び出し、捕方に応対してのち、二階の龍馬へ通報したことになっている。お龍はこのあと繰り広げられた剣戟《けんげき》を、龍馬のかたわらで一部始終、目撃したという。

また、「土佐にいたお龍さん」（『土佐史談』七十六号）では、入浴中に風呂場の羽目板に白刃が突きささり、捕方の襲撃を直感したお龍は、「着物を纏《まと》ふ間もなく」風呂場をかこんでいた捕方の前を台所へ走り、漬物石を出入り口に据えてのち、二階へ通報に走ったことになっていた。

いずれにせよお龍は、勝手から二階へ注進に走り、龍馬が寺田屋を脱出してのち、薩摩藩邸へ走って、夫の救出を訴えたことは間違いないようだ。

「此《この》龍女がをれバこそ、龍馬の命ハ助かりたり」

龍馬の、同年十二月四日付乙女姉さんへの書簡は語っている。

ちなみに、この襲撃された日は、犬猿の間柄であった薩摩・長州の両藩が、龍馬の活躍で「薩長連合」を締結した、まさに三日後のことであった。

この寺田屋は、薩摩藩伏見屋敷の保護をうけ、その縁で龍馬の常宿となっていた。

主人の伊助（六代）は元治元年（一八六四）九月に病没しており、以後は女将のお登勢が切り盛りをしていた。伊助の亡くなる一ヵ月前、国事に奔走する龍馬の要請で、妻のお龍は「お春」と名

1841〜1906

を変え（のち「鞆《とも》」とも）、お登勢の娘分として寺田屋にあった。

慶応二年正月十八日、幕臣・大久保一翁を訪ねたとき、自分の手配書がまわっていることを知った龍馬だが、京都へ入らねば薩長連合は成就できない。彼は薩摩藩士の身分を騙《かた》り、幕府の目を掠《かす》めて入京する。伏見ではすでに戒厳令がひかれていたが、幸い龍馬は目的を達することができた。

この間、長州の支藩・長府藩士の三吉慎蔵《みよししんぞう》は、龍馬の身辺護衛にあたっていた。薩長連合の成立を寺田屋で喜びあった龍馬と三吉は、一風呂浴びて、「一酌ヲ催ホス用意」（『三吉三蔵日記』）をしているさなか、お龍の機転で、幕府の捕吏《ほり》が侵入してきたことを告げられる。

追手は、伏見奉行所の配下五、六十人。

ただし、この時点で、幕府が薩長連合の誕生を摑んでいたとは考えにくい。寺田屋に不審者がいることを知っての、行動であったかと思われる。

お龍の回想ではこの日、龍馬は正々堂々、駕籠を乗りつけて寺田屋へ帰宿したという。誰何《すいか》されても、薩摩藩士の身分に擬装している。これで幕吏は手を出せない、と龍馬は考えていたようだ。

確かに、当時の情勢では薩摩藩はまだ、正面切って幕府と敵対関係には入っていなかった。が、伏見奉行所は、寺田屋に入ったのがニセ薩摩藩士であり、〝人斬り〟＝テロリストとして手配中の浪人・坂本龍馬であることを確信していた。

お龍の通報により、不意討ちは避けられたものの、龍馬はこの時、風邪ぎみで体調は今一つ。突入に先がけて捕方の一人が尋問にきたが、埒《らち》はあかず、刀槍を持った二十人もの捕方が室内に殺到した。

龍馬はピストル（六連発・うち五発装弾）を構え、三吉は手槍をもって応戦。龍馬が威嚇《いかく》発射すると、捕方は肝を冷やしたようだ。捕方の中には召集された博徒の類もあり、多くは死をおそれて積極的に動こうとはしなかった。

そのうち、障子の陰から一人の捕方が飛び出してきて、脇差で龍馬を目掛けて斬りかかった。龍馬はその切っ先をピストルで受けようとし、刀の先で親指の付け根を切り裂かれてしまう。乱闘の中、追加装弾しようとした龍馬だったが、負傷のため弾倉が足下に落ちてしまった。

彼は三吉をうながして屋根伝いに裏手に出て、隣家の雨戸を打ち破り、室内を抜け、表戸を刀でたたき割って、町中をひたすら走って逃げた。出血のひどい龍馬は、めまいがして走れなくなり、寺田屋から五百メートルほどの材木置き場に身を隠すと、三吉を伏見の薩摩藩邸へと走らせる。

三吉から事情を聞いた薩摩藩留守居役・大山彦八は、少し前に飛び込んで来たお龍からもあらましを聞いており、みずから船に〝丸に十の字〟の藩旗を押し立てて、材木置き場へ漕ぎつけ、龍馬を救出した。その後、西郷隆盛ら薩摩藩士の手厚い庇護《ひご》を受け、療養生活をおくった龍馬とお龍は、西郷の勧めもあって、鹿児島での温泉療養に出かける。

後世、これがなぜか、「日本最初の新婚旅行」と呼ばれることになる（これは出鱈目《でたらめ》である）。

1841〜1906

坂本龍馬とその妻・お龍　②　墓標が語る真実とは

お龍は、天保十二年（一八四一）の生まれ。父は楢崎将作《ならさきしょうさく》という医師であり、彼女は五人姉弟の惣領でもあった（龍馬より六歳年下）。

父・将作の二代前までは長州藩士であったようだが、落ち度があって永の暇《いとま》となり、一家は京都へ流れてきたという。将作は青蓮院宮《しょうれんいんのみや》（中川宮）朝彦親王《あさひこしんのう》の侍医をつとめる一方、頼三樹三郎《らいみきさぶろう》、梅田雲浜《うめだうんぴん》らとともに、国事に奔走する草莽《そうもう》の志士でもあった。

一度、〝安政の大獄〟に連座して投獄され、釈放されたものの、将作は文久三年（一八六三）六月二十日に、柳馬場三条下ルの寓居で病没したという。享年、五十。お龍は二十三歳であった。

残された家族は、京都で売り食いの生活をつづけていたが、池田屋騒動のどさくさで家財までも奉行所に押収され、貧窮のどん底に陥る。それを龍馬が見かねて救済に乗り出し、お龍は伏見の寺田屋に、養女として預けられたという。

二人が出会った元治元年（一八六四）五月頃、龍馬は京都大仏南門の河原屋五兵衛の隠居所に潜伏しており、その賄い方として入っていたのが、お龍の母・貞であった。その母を訪ねて来て、お龍は龍馬を知ることとなったようだ。彼女はこの頃、七条新地の旅館「扇岩《おうぎいわ》」に手伝い方々預けられていた。

二人が結婚したのは元治元年八月一日、青蓮院地内の天台宗金蔵寺の住職・知足院の媒介で、金蔵寺において内祝言を挙げている。寺田屋騒動の後、西郷隆盛（あるいは中岡慎太郎）が媒酌して、二人は結婚した、というのは後世の誤伝である。

龍馬はお龍のことを、姉の乙女に手紙（慶応元年九月九日付）で次のように紹介している。

「右女（お龍）は、まことにおもしろき女にて月琴《げっきん》をひき申し候」

たしかにお龍は、「おもしろき女」であった。父の死後、一家離散の憂きめにあい、彼女の次妹・光枝（七歳年下）が遊女に売り飛ばされそうになったとき、お龍は短刀を懐《ふところ》にしのばせ、生命懸《いのちが》けで悪漢のもとに単身乗り込み、妹を救い出したという話も伝えられている。

其悪《そのわる》もの二人をあいてに死ぬるかくごにて、刃ものふところにしてけんくゎ（喧嘩）致し〈中略〉とびかかりて其者むなぐらつかみ、顔をした（た）かになぐりつけ〈中略〉女のやつ殺すぞといいければ、女曰く殺し殺されにはるばる大坂にくだりてをる、夫《それ》はおもしろい、殺せ殺せといいけるに〈中略〉とふとふ其《その》いもと（妹）をうけとり京の方へつれかへりたり。（同右書簡）

お龍はときに、男装して京の街を歩いたと伝えられる。龍馬は当時の、一般的な女性と大いに異なる、彼女の鉄火《てっか》で開放的な生き方に引かれたようだ。

1841〜1906

一方のお龍は、次のような述懐を残している。

「龍馬はそれはそれは妙な男で、人さんとは一風違っていたのです。少しでも間違った事はどこまでも本をたださねば承知せず、明白に謝《あやま》りさえすれば直ちにゆるして呉《くれ》まして、この後はかくかくせねばならぬぞと丁寧に教えてくれました」（『千里駒後日譚』）

慶応三年十一月十五日、龍馬が京都中京区四条河原町蛸薬師下ルの近江屋で暗殺されたとき、お龍は末妹の起美《きみ》（君枝、君江とも・十一歳年下）とともに、下関に匿《かくま》われていた。長州藩の分家である長府侯・毛利元敏《もうりもととし》は、お龍を哀れんで扶持を与え、藩士の三吉慎蔵《みよししんぞう》にその世話を命じている。

慶応四年（一八六八）三月、お龍は起美と菅野覚兵衛（龍馬の部下・千屋《ちや》寅之助）の婚儀をすませ、亡き夫の実家、高知の坂本家に引き取られた。が、龍馬の兄が藩より弟へ下される、報奨金をあてにして、お龍を不身持として追い出そうとしたらしい。

「妾《あたし》あ金なぞは入《い》らない。そんな水臭い兄の家に誰が居るものか、追い出されない内に此方《このほう》から追ん出してやろう」（『反魂香《はんごんこう》』）

と、三ヵ月ほどで坂本家を去った。

土佐藩出身の佐々木三四郎（高行）は後年、

「同人（龍馬の）妻ハ有名ナル美人ノ事ナレ共、賢婦人ヤ否《いなや》ハ知ラズ、善悪共ニ為シ兼ヌル様ニ被《おも》思《われ》タリ」（『保古飛呂以』）

と述べているが……。

坂本家を出たお龍は、その後、義弟の千屋家、京都のお登勢のもとへ滞在し、生活に困窮して東京へ流れていった。しかし彼女は、海援隊で龍馬が残したとされる積立金千両の分配を、受け取り拒否もしている。筆者は立派な女性だと思った。

やがてお龍は、かつて寺田屋を定宿《じょうやど》としていた呉服商――明治維新で没落した西村松兵衛という人に嫁し、子ども相手に飴《あめ》を売る、一文商《あきな》いの〝ドッコイ飴屋〟の、平凡な行商人の女房となって、横須賀の長屋に移り住むこととなる。

明治八年（一八七五）七月二日の入籍であった。お龍はツル（徒留）と改名した。

龍馬の家督は、長姉千鶴《ちず》の子である高松太郎が、明治四年八月二十日付で継いでいる。永世禄十五人扶持。もとよりお龍には、何一つ相談はなかった。

ただ、もし、龍馬との間に子供があれば、お龍の人生は全く異なったものとなっていたに違いない。彼女は明治三十九年一月十五日に没している。享年は六十六であった。

なぜか施主は、妹の光枝がつとめた。

この妹はいわゆる札つきで、二度結婚して二度離縁し、お龍夫婦のもとへ転がりこんだ挙げ句、ついには義兄の松兵衛と懇《ねんご》ろとなり、お龍一人を残して二人で転宅してしまった。

姉が羨ましかったのか、憎かったのか――その答えが、龍馬の妻・龍子の墓碑となったようだ。

1841～1906

国の行く末を見通していた勝海舟

江戸無血開城の大立者、幕臣の勝海舟（一八二三〜九九）は、欧米列強のアジア植民地政策を見通し、日本の内乱を早期に食い止め、明治維新の実現を主導した。

なぜ、これだけのことができたのであろうか。

直参とはいえ、無役で無頼な小普請組《こぶしんぐみ》・勝小吉《こきち》の長男に生まれた通称・麟太郎《りんたろう》（明治後は安芳《やすよし》）＝海舟は、貧困の中で直心影流の剣術や禅に打ち込み、幕府の役職に就ける人間になろうと、幼少の頃から懸命の努力をしていた。その甲斐《かい》あってか七歳のおり、十一代将軍・徳川家斉《いえなり》の孫（のち十二代将軍となる家慶《いえよし》の子）である初之丞《はつのじょう》のご学友に選ばれる。以来、海舟は大奥に登っていた。

ところが、九歳のおりに一度、実家へ戻った彼は、猛犬に男子の一物を噛まれ、医者も匙《さじ》を投げるほどの大怪我を負ってしまう。父の必死の看病で、どうにか生還が叶《かな》ったものの、今度は当の主君たる初之丞が発病し、この世を去ってしまった。

失意と絶望の勝家にあって、海舟は剣と禅に自らの将来を託し、必死の修行にあけくれた。二十一歳で免許を受け、直心影流の剣客・島田虎之助の師範代をつとめるまでになった。

ところが、剣一筋《すじ》で千石取りの旗本になれるかもしれない、と周囲が期待しはじめた頃、海舟の関心は蘭学――なかでも西洋流兵学にむかい始める。筑前福岡藩士・永井青崖《ながいせいがん》のもとで蘭学の修行

をはじめた海舟であったが、

「異国語を学ぶ者は、神州日本を冒瀆《ぼうとく》する輩《やから》だ」

と決めつけられ、虎之助の代稽古は次々と先方から断られて、出入り拒否を受けていく。

しかし、海舟はわが道を変えず、西洋流兵学が時勢上、かならず必要とされる手ごたえを感じていた。私塾を開きながら生活費を稼ぎ、彼は己れの出番を待った。

やがて、ペリーがやって来る。三十一歳の海舟は、長崎海軍伝習所へ。海軍仕官として、ようやく栄達の階段を登るが、正論を堂々と吐《は》くため、以後、左遷されたりお役御免をくり返すことになる。

海舟の強靭《きょうじん》さは、そうした逆境から、みごと返り咲き、幕府瓦解時の全権を担ったところにあった。さらには、明治政府の参議兼海軍卿をつとめ、のちには伯爵となっている。

海舟はいう。

おれなど生来《うまれつき》人が悪いから、ちゃんと世間の相場を踏んでいるよ。上がった相場も、いつかは下がるときがあるし、下がった相場も、いつかは上がるときがあるものさ。その上がり下がりの時間も、長くて十年はかからないよ。

（勝部眞長編『氷川清話』より）

1823～1899

明治に入って、福沢諭吉が『瘦我慢之説《やせがまんのせつ》』と題する一編を執筆、海舟を「変節者」と攻撃したことがあった。最初は無視していた海舟だったが、福沢から返事を催促され、ついに筆を執《と》った。

「行蔵《こうぞう》は我に存す、毀誉《きよ》は他人の主張、我に与らず、我に関せずと存じ候」

海舟は福沢を単なる学者だと評し、自分とは歩む道が違うといい、「行蔵《こうぞう》」——すなわち人間の運命、出処進退——は、己れ自身しか決することができず、他人がなんと批評しようが、自分とは関わりのないことだ、と言い切った。

明治三十一年（一八九八）三月二日、前将軍（十五代）・徳川慶喜《よしのぶ》は明治天皇と皇后に拝謁して、ここに皇室と徳川家の和解が成立した。この演出をしたのも、海舟であった。

この日の日記に海舟は、

「我が苦心三十年、少し貫く処《ところ》あるか」

と短く、己れの感慨を書き残している。

翌三十二年一月十九日、海舟はこの世を去った。享年は七十七。

遺言によって墓には、

「海舟」

とたった二文字を刻ませたのみであった。

三菱財閥を創業した岩崎弥太郎　①凄まじい負けじ魂

岩崎弥太郎《いわさきやたろう》は天保五年（一八三四）十二月十一日、土佐藩の「地下浪人《じげろうにん》」の長男として生まれている。

この「地下浪人」とは、武士であって武士ではない、しかしながら農工商の階層にも属し得ない、いわば、哺乳《ほにゅう》類と鳥類の間で苦悩する蝙蝠《こうもり》のような存在であったといえようか。

土佐では、道で藩士とすれ違ったとき、藩士の下に位置する郷士《ごうし》は土下座をしなければならない作法であったが、地下浪人はこの冷遇されていた郷士より、さらに軽格に位置づけられていた。

そうした屈辱的な身分にあったことから、負け犬になりたくない――弥太郎はわが身に降りかかる、散々な思いや貧困の嘆きを、懸命になって堪《た》え忍んだ。それが一面では、虚勢を張った幼少期ともなったのだが、そうした環境で培われた性根こそが、実はのちの〝三菱〟を創り上げる大きな原動力となったのである。

当時、身分や門地《もんち》を越えて世に出るには、武芸か学問に通暁《つうぎょう》するより方法はなかった。

人一倍、向上心と負けじ魂の強かった弥太郎は、二者のうち後者を選んだ。

「江戸に出たい――」

そう思い込むと、弥太郎の行動は逞《たくま》しかった。

1864～1885

安政元年（一八五四）、あらゆる伝手《つて》を頼って、奥宮慥斎《おくみやぞうさい》という儒学者の従僕となり、ついに憧憬《しょうけい》の江戸に出た。翌年、一流の学者・安積艮斎《あさかごんさい》の見山塾《けんさん》に入門。ときに、弥太郎は二十二歳であった。

ようやく、このようにして弥太郎は学問の道に入ったのだが、いかんせん、ここに生涯、最初の難事件が勃発《ぼっぱつ》する。父・弥次郎が奇禍にあい（誣告罪《ぶこく》で入牢《にゅうろう》）、急いで帰国した弥太郎は、父の無実を強硬に主張したため、仮出牢となった父と入れ替わりに、己れが投獄される身の上となってしまった。

しかし、人間、何が幸いするか分からない。

弥太郎はこの牢屋生活の中で、思いもかけない意識転換のヒントを得た、と伝えられている。同じく入牢中の樵夫《きこり》から、商い算用の道を学んだというのだ。弥太郎はこれまでに考えたことのない、明確な価値観をもつにいたった。

「どうやら世の中は、金の力で動いているらしい」

持って生まれ、苦難に培われた弥太郎の性根に、初めて生きる目的意識らしきものが目覚めた。

一年の後、弥太郎は出獄を許され、細々と寺子屋をやりながら、時節到来を待った。

ほどなく、〝富国強兵〟、〝殖産興業〟をスローガンに、土佐藩が動き出し、その流れに乗って、ようやく彼は郷士の身分となった。

長崎に初めて出張した弥太郎は、この自由都市ではすでに身分制度が崩れはじめ、町では貿易に従事する商人が、諸藩の武士を見下し、羽振りをきかせているのを目撃した。

「世の中は利で動いている。やはり、いずれは武士を捨てるべきだ」

弥太郎はこのとき、心に決したという。

そうした彼を、武士のまま世に出してくれる人物が現れた。参政にのぼった後藤象二郎《ごとうしょうじろう》である。

弥太郎は土佐藩が創設した、直営商館「開成館」の仕事に従事するが、あまりにも身分が低すぎ、発言の機会も与えられなかった彼は、腐って一度は職を辞してしまう。

ところが、弥太郎が辞めてまもなく、「開成館」、出先機関の長崎、大坂の「土佐商会」は資金繰りが悪化して、ついに行き詰まってしまった。

時代は薩摩・長州藩による〝討幕〟が、具体的に進行しつつあり、土佐藩としても万一の事態に備えねばならない。すでに洋式軍艦をはじめ、多くの近代兵器類の購入に多額の資金を投入していた。その額は、慶応二年（一八六六）八月から翌三年の六、七月ごろまでで、四十二万五千余両にものぼったといわれている。

さらに土佐藩では、海防（国防）の防備施設の設営などにも莫大《ばくだい》な費用をかけ、加えて、二十万両を超える負債をもかかえていただけに、「開成館」や「土佐商会」の失敗は、藩としても看過できない大問題となっていた。

弥太郎はそうした現状を、ことごとく見透していたようだ。

三菱財閥を創業した岩崎弥太郎　②政商への道

再び、岩崎弥太郎へ長崎の「土佐商会」への出向が下命された。

今度は長崎滞在中に昇格し、郷士から藩士の末端に位置することになる。破格の大抜擢であったといってよい。だが、事態は刻一刻と悪化していた。

弥太郎は、財政が破綻《はたん》の危機にある土佐藩を支えるべく水面下で努力をつづけたが、一個の人間の頑張りには限界があった。

「時代が動かねば、もはやどうにもならぬ」

長崎滞在中の弥太郎が、ため息をついていたとき、彼の前に姿を現したのが、土佐脱藩郷士の坂本龍馬であった。

龍馬の出現は、のちの〝三菱〟に計り知れない恩恵をもたらした、といっても過言ではない。

龍馬の家は曾祖父の代に株を買った、新興の郷士であり、以前は質屋と酒造業を手広くやっていた商家であった。それだけに龍馬は、生まれながらにして商才を持ち、併せて、早くから江戸留学の経験も積み、土佐を脱藩すると、勝海舟らの知遇も得て、海外事情や蒸気船舶の航海術を学ぶ幸運にも恵まれた。

弥太郎が試行錯誤の人生をくり返しているころ、龍馬は「亀山社中」という海運事業を創業。長崎を本拠として、海員の養成から国の内外の通商・運輸にまで手を広げていた。

弥太郎のもとに現れたおりの龍馬は、亀山社中を〝海援隊〟に再編していたが、まもなく、弥太郎はこの海援隊の会計係を兼任することになる。そして隊長となった龍馬からは、

「一国の近代化は、その端緒における強大な海運業の発展と相表裏する」

といった重商主義や未来のビジョンを学んだのであった。

これらがのちに、弥太郎によって創出される〝三菱〟の、血となり肉となっていったことはいうまでもない。慶応三年（一八六七）十一月十五日、龍馬は暗殺され、引きつづいて勃発した鳥羽・伏見の戦い――戊辰《ぼしん》の役は、日本を内戦と政治一色に塗り変えてしまった。

この時期、弥太郎は長崎から大坂に移管された「土佐商会」にあって、黙々と海援隊の中から、〝海軍〟を取り除いた〝海運〟を自ら手がけるべく準備を進めていた。

明治三年（一八七〇）九月、大坂の「土佐商会」は形式上解散。代わって「土佐開成社」が設立される。この経営に当たったのが、土佐屋善兵衛こと土佐藩権少参事に出世していた弥太郎であった。

彼はこの年の十月、「土佐開成社」を「九十九《つくも》商会」と改称し、商標を菱形紋様に定めた。これが現〝三菱〟の商標となった。

弥太郎は廃藩置県の混乱に乗じ、種々の政府払い下げを得て、翌年三月、「三菱商会」の看板を掲

げた。これは藩からの、完全〝独立〟の宣言ともいうべき一挙であったといえる。

弥太郎は社員を、新時代に適応し得るよう実地に教育を進め、一方で着実に商会の船数を増やしていく。そして、「寄らば大樹の陰」で、明治新政府に取り入るべく、ときの宰相ともいうべき薩摩藩出身の大久保利通《としみち》に近づいた。

〝三菱〟は明治十年、西南戦争を遂行する政府の将兵、軍馬、軍需品を一手に輸送。当初、優勢が伝えられた薩軍に勝利する一翼を担った。そのため、弥太郎は世間から「政商」と非難されたが、事実、この年の暮れには〝三菱〟の汽船は六十一隻、三万五千四百六十四トンを所有し、日本の全国汽船総トン数の七十三パーセントを占めるまでになっていた。

明治十八年二月七日、弥太郎はその波瀾《はらん》に富んだ五十二年の生涯を閉じる。

その死の直前、夫人と長男・久弥《ひさや》、弟の弥之助《やのすけ》を枕元に呼んだ弥太郎は、

「汝等《なんじら》は吾《わ》が無き後は、弥之助を以《もっ》て吾《われ》と思ひ之《これ》に事《つか》へよ。弥之助も亦吾《またわれ》に代りて万事を宰し、殊《こと》に吾が使ひたる雇人は、吾死後と雖《いえど》も旧の如《ごと》くに之を使用せよ。其外遺《そのほかのこ》すべき辞《ことば》なし」

と言い、しばらくしてなお、

「吾が使ひたる雇人は旧の如く使ひ呉《く》れよ」

と言い直して、弥之助に念を押し、その臨終を迎えたという。

一代の負けじ魂の、最後の発露であった。

幕末日本に海外知識を持ち帰ったジョン万次郎

嘉永四年（一八五一）正月二日、琉球《りゅうきゅう》（現・沖縄県）の沖合で、米国船から日本人がボートに乗り移り、摩父仁《まぶに》間切《まぎり》に上陸した。十年ぶりに海外から戻った、万次郎《まんじろう》である。

そもそも彼は、文政十年（一八二七）に土佐の幡多郡《はたぐん》中《なか》ノ浜《はま》の漁師の次男として生まれていた。ごく平凡に父親と同様、自らも漁業に就いたが、天保十二年（一八四一）、万次郎は数奇な運命に投げ込まれてしまう。

この年の正月、土佐の高岡郡《たかおかぐん》宇佐浦《うさうら》の筆之丞《ふでのじょう》に、船の乗組員としてに雇われ、四国沖の延縄《はえなわ》漁に出た。万次郎、十四歳のときである。出船して二日後、足摺《あしずり》岬の沖合で操船不能に陥った船は、漂流七日目にして鳥島《とりしま》に流れ着く。

島に群棲《ぐんせい》していたアホウドリを捕え、これを食べて飢えをしのぐこと約四ヵ月後、アメリカの捕鯨船ジョン・ホーランド号に彼らは救助される。ホーランド号は、日本の漁民を乗せたまま捕鯨をつづけ、その年の十二月、ハワイのホノルルに到着した。船長のホイットフィールドは、船中で万次郎の聡明さに気づき、この日本の若者を本国へ連れて行くことにする。

捕鯨乗組員として働いた万次郎は、ホーランド号の母港・ニューヘッドフォード港へ一年半後に到着した。

1827～1898

――ここから、万次郎ならぬ〝ジョン・マン〟の米国暮らしが正式にスタートする。

船長のもとから塾へ通い、改めて英語の読み書き、数学などを勉強。パートレット・アカデミーへ進学して、高等数学から測量術、航海術までを万次郎は学ぶ幸運を手にする。

優秀な成績でアカデミーを卒業した彼は、その後、ゴールドラッシュに沸くアメリカで、鯨油《げいゆ》の樽製造技術者、カリフォルニアの金山鉱夫などをして働く。

数年が経ち、いよいよ帰国の計画を立てることになった。米船サラボイド号が、ホノルルを発ったのは西暦一八五〇年十二月十七日のことである。

琉球に上陸、帰国を果たした万次郎だが、鎖国下の日本、琉球から鹿児島へと移送される。

薩摩藩の藩主・島津斉彬《なりあきら》は万次郎を歓迎。藩士と船大工を選んで、その宿舎へ行かせ、造船術と航海術を学ばせて、小型の西洋帆船まで造らせた。万次郎はその後、ようやく生まれ故郷の土佐・中ノ浜へ帰りつく。

嘉永五年十月五日――故郷を離れてから、実に十二年の月日が経過していた。

しかし、時代は万次郎を漁村に安住させてはおかなかった。ほどなく、土佐の高知城下に呼び出された万次郎は、武士に取り立てられると、城下の教授館の下役の職を与えられる。

このおり、通称の〝ジョン万次郎〟は、正式に中浜《なかはま》万次郎となった。

さらに、その翌年には、土佐藩から幕府へ召し出され、ペリー来航のおりは、日米和親条約の交渉において、伊豆韮山の代官・江川太郎左衛門の家来として、ともにその接衝に当たる予定であったが、米国に洗脳されているのではないか、と水戸藩前藩主の徳川斉昭に疑われ、その任から外される。のちに、万次郎は普請役に抜擢された。

その後は、江戸で外国書簡の翻訳、築地の軍艦操練所教授のほか、洋式捕鯨の準備に奔走。英会話辞典を編纂したりと、時代の要請に応えるべく八面六臂《はちめんろっぴ》の活躍をしている。

安政七年（一八六〇）には、咸臨丸《かんりん》（提督・木村喜毅《よしたけ》　艦長・勝海舟《かつかいしゅう》）が遣米使節の随行艦として派遣されると、これに通弁（通訳主任）として同行、再びアメリカの地を踏んだ。

帰国後の万次郎は、幕府の小笠原諸島の開拓調査にあたって、再び、通弁をつとめ、移住していた外国人たちに、これらの島は日本の領土であることを伝えている。

明治に入って、現在の東京大学の前身である開成《かいせい》学校の教授に、任じられもした。

鎖国の時代から、開国の時代へタイムスリップした〝ジョン万次郎〟は、まさに絶妙なタイミングで日本へ帰ってきてくれたといってよい。本人が幸せであったかどうかはともかく、幕末日本にとっては、極めて幸いであったといえよう。

明治三十一年（一八九八）十一月十二日に、彼はこの世を去っている。享年、七十一。

1827〜1898

龍馬の教師役、土佐勤王党の盟主・武市半平太

武市半平太《たけちはんぺいた》は文政十二年（一八二九）、土佐国長岡郡仁井田郷の郷士《ごうし》・武市半右衛門《はんえもん》の長男として生まれている。幼少から文武の才に優れ、通史によれば、安政三年（一八五六）に江戸へ出て、鏡新明智流・桃井春蔵の道場に入門。翌年には、塾頭に上げられるほどの剣の腕前になったという。

長州藩の久坂玄瑞《くさかげんずい》や薩摩藩の樺山三円《かばやまさんえん》（資之《すけゆき》）など、勤皇派の志士たちと交流を重ね、一方では武市は坂本龍馬（妻の遠縁にあたる）と幼少の頃から親しみ、「事情迂闊《うかつ》、何も知らず」と評されるほど、政治むきのことについて無頓着であった龍馬へ、国政レベルの意識をもたせるべく、いわば教師役をつとめた。

文久元年（一八六一）八月、武市を盟主とする土佐勤王党《きんのうとう》が結成される。この結党は、土佐藩の〝一藩勤皇化〟を目的としたもので、そのメンバーの大半は、郷士・庄屋など下層の者が多かった。それでも結成以来、土佐勤王党は、日に日に藩内において勢力を伸ばしていく。

しかし、参政として藩の実権を握っていた吉田東洋は、この組織を書生論の集団として認めず、むしろ敵対視し、彼らからの建白書をいっさい取り上げなかった。そのため、「一藩勤皇化を実現するに、は東洋を取り除く以外にない」とする気運が、土佐勤王党の中で高まりはじめる。

龍馬はこのような情況では、一藩勤皇化は不可能、藩という枠組から脱し、浪人として活動する

以外に道はない、と考えるにいたった。武市は、脱藩を決意した龍馬に対して、

「精神は天性雄大で、素晴らしい発想は自然と湧き出てくる。雄飛するか、潜伏するか、はたして誰が知ろうか。まったく、龍の名に恥じることはない」

と、餞別《せんべつ》の言葉を贈り、

「あれ（龍馬）は、土佐であだたぬ（手に負えない）男じゃきに」

とも、周囲に語ったという。

武市は同志となった龍馬が、土佐勤王党から脱落することを許し、自分と別の道を歩きはじめたのに際しては、はなむけの言葉まで贈った。彼には、龍馬の可能性が見えていたのかもしれない。

文久二年四月八日、土佐勤王党は吉田東洋暗殺に成功。政敵を取り除いた武市は、東洋の改革路線を苦々しく思っていた保守派と連立政権を結成、藩政を掌握する。

しかし、彼らの〝天下〟はさほど長くはつづかなかった。文久三年八月十八日のクーデターにより、京都から尊皇攘夷派が追放されると、土佐藩内でも政変が起こり、党の弾圧が開始される。九月二十一日、武市ら党幹部は投獄され、ここに事実上、土佐勤王党は壊滅《かいめつ》した。

慶応元年（一八六五）閏《うるう》五月十一日、罪状不明確のまま、武市は切腹の命を受け、その生涯を閉じた。享年は三十七。

もし生きて明治を迎えていれば、どれほどの偉業を成し遂げたであろうか。惜しまれてならない。

1829〜1865

龍馬のよき話し相手・坂本乙女

次姉の栄と母の幸を相次いで失ってのち、少年坂本龍馬の面倒は、三つ違いの三姉・乙女がみた。長姉の千鶴《ちず》はすでに高松順蔵のもとへ嫁いでおり、天保十三年（一八四二）生まれの太郎清行（のちの直）をもうけていたから、なるほど、身内では乙女の存在が大きかったに違いない。

乙女はおそらく、「お留」――女児の出生が三人つづいたので、これで止めたい、といった意を込めて命名されたもの――であったかと思われる。

しかし、この乙女については、龍馬同様、これまで善意の誇張がなされつづけてきた。

二人の歳の差は、家族の中では接近しており、親近感をもちあっていたことはたしかであろうが、乙女を剣術は切紙（有段者）の腕前で、長刀（薙刀）も馬術も弓術も、水練もなんでもござれで、経書、和歌、絵画も嗜《たしな》み、琴、三味線、舞踊、謡曲、琵琶歌、浄瑠璃、一絃琴まで、何をやってもできないことがない、といったスーパーウーマンのような創り話は、幼少期は暗愚であったとされる龍馬像の虚構と共に、創作されたもので、いずれも根拠に乏しい虹のようなものばかりであった。

なるほど、

「お仁王」

と渾名《あだな》される大柄な体格は確かであり、明朗な女性ではあったが、そうしたことだけで、何でもござれの創り話はそもそも、無茶《むちゃ》というもの。

おそらく、喧嘩が原因ではないかとみられる高知城西の、楠山庄助の私塾を中退してのち、内気な龍馬をはげまし、その勉強を乙女がみたことは十二分に考えらえる。が、これとて後年の龍馬の手紙などをみていると、父や長兄権平の影響もあり、武市半平太のような親友の存在も配慮すれば、すべてを乙女がやった、ということにはなりそうもない。家族や周囲が皆して、龍馬を育《はぐく》んだ、とみるべきであろう。

筆者は次の龍馬の手紙に、なんとない坂本家の自由闊達な雰囲気を想うのだが。


然《しかる》ニ土佐のいもほりともなんともいわれぬいそふろふ（居候）に生《うまれ》て、一人の力で天下うごかすべきハ、是又天よりする事なり。かふ申《もうし》てもけしてくつけあがりハせず、ますますすみかふて、どろの中のすずめがい（雀貝・または磯貝ともいう）のよふに、常に土をはなのさきゑつけ、すなをあたまへかぶりおり申候。（文久三年六月二十九日　乙女《おとめ》あての手紙より）

また、もし、乙女が伝えられるようなスーパーウーマンであったとすれば、後半生の彼女の生き方があまりに不釣り合いになってしまう。

龍馬は、文久二年（一八六二）に脱藩して以来、乙女にあてて頻繁《ひんぱん》に手紙を出していた。

1832〜1879

乙女から龍馬へあてた手紙は一通も現存していないが、彼女あての手紙は十五通残されている。その手紙の多くは、龍馬の現況や時勢への感想を述べたものが大部分であったが、なかには乙女の悩みに、龍馬が答えている手紙もあり、史実の姉弟の関係を知るうえで興味深い。

安政三、四年（一八五六、一八五七）ころ、乙女は藩医の岡上新甫《おかのうえしんすけ》と結婚し、一児を得たが、のちに離縁している。

夫との離縁に、彼女は世の無情を感じたらしく、弟の龍馬に出家遁世《とんせい》したい、と手紙で相談したようだ。弟は、それに対して次のように答えている。

「先日下され候御文の内に坊主になり、山の奥へでも入りたしとの事聞へ、ハイハイエヘンおもしろき事兼《かねて》而思い付きおり申し候」（文久三年六月二十九日　乙女あての手紙より）

文面は茶化《ちゃか》しているといってよい。そして、汚い法衣《ほうい》をまとい、お経を読みながら行脚すれば、

「道中銀は一文も用意におよばず」

「ぶんと。へのなる。ほど。やって見よ」

などとけしかけながら、

「これをやろうと思えば、よく人の心を見さだめなくてはいけません。おまえ（乙女）もまだ若すぎるかと思うよ」

と、なだめすかし、馬鹿なことはやめるように、と弟は忠告しているのである。

この手紙からは、姉弟の情がユーモラスに語られ、また、二人が互いによき話相手であったことが知れよう。

だが、その一方で、乙女にスーパーウーマンの片鱗《へんりん》はみえず、平凡な女性のイメージだけが浮かぶのだが、読者諸氏はいかがであろうか。

前述したように、龍馬の横死《おうし》後、坂本家はその妻・お龍《りょう》を引き取ったが、家風には合わず、まもなくお龍は土佐を去っていった。

その彼女が、義理の姉である乙女について後年、次のように語っていた。

「姉さんはお仁王と云う綽名《あだな》があって元気な人でしたが、私には親切にしてくれました。私が土佐を出る時も一処に近所へ暇乞《いとまご》いに行ったり、船迄《まで》見送って呉れたのはお乙女姉さんでした」（『千里《せんり》駒後日譚《ごまごじつのはなし》』より）

明治十二年（一八七九）八月、乙女は没した。

封建制度下の土佐にありながら、金銭的には恵まれ、割合に自由な新興郷士の家に生まれ、育ったこの平凡な女性は、さて、偉大な己れの弟をどのくらい理解していたであろうか。筆者は思わず首をひねってしまう。

乙女の享年は、四十九であった。

1829〜1865

武力革命に殉じた陸援隊長・中岡慎太郎

幕末に活躍した志士の中で、誠実さと生命《いのち》懸けの実行力において、土佐脱藩の中岡慎太郎《なかおかしんたろう》は、盟友の坂本龍馬を凌駕《りょうが》していたといってよい。

この人物は、天保九年（一八三八）四月十三日の生まれ。家は土佐国安芸《あき》郡北川村（現・高知県安芸郡北川村）の大庄屋で、中岡はその長男であった。諱《いみな》を道正。十五歳で間崎哲馬《まざきてつま》に師事して学問を修め、二十歳のときには、高知城下の武市半平太《たけちはんぺいた》道場に入門、剣の腕を磨いている。

その武市が土佐勤王党の党首となったことから、尊皇攘夷を実行に移すべく、全国を東奔西走する〝志士〟の日々を送ることになった。文久三年九月、藩の政争により、それまで主流派であった土佐勤王党の弾圧が開始され、武市も失脚。中岡は同年十月に脱藩している。以後、「石川誠之助」を変名として、元治元年（一八六四）の禁門の変では、長州藩兵とともに戦闘に加わった。

中岡の凄まじさは、幕末日本が経験した大半の、戦いに参加していた点にもある。

長州敗走後は、都落ちした〝七卿〟（実際には五卿）の移転問題に尽力。そのおりの交渉相手であった薩摩藩の西郷隆盛と知り合い、その人柄に傾倒するとともに、ここで薩長連合の可能性を、いちはやく彼は模索する。

「不倶戴天《ふぐたいてん》の敵・長州と薩摩がもし組めば、討幕はなる」と中岡は考えた。尊皇攘夷の人々は感情論から、この企てを無謀と断じたが、彼は至誠さえあればできる、と信じて疑わなかった。

壊滅した土佐勤王党は、中岡ら長州藩と行動をともにしたグループと、神戸海軍操練所で海軍を学ぶグループとに分かれていた。そこで中岡は、神戸のリーダーであった龍馬に、薩長連合案を持ち込む。以来、二人はともに同盟交渉に奔走した。

その場合、薩摩藩との交渉には中岡があたり、長州藩の説得には龍馬があたる、という二人の、車の両輪のような役割分担によって、慶応二年（一八六六）正月、ついに薩長連合は締結された。

同年二月、二人は土佐藩から脱藩の罪を許され、のちに龍馬は海援隊長に、中岡は陸援隊長《りくえんたいちょう》に任ぜられる。そして慶応三年十月、大政奉還が実現した。

この前後の中岡と龍馬は、一般に中岡が武力革命路線を歩み、龍馬が無血革命路線を取っていたため、主義主張が相異していた、とみる人がいる。しかし筆者は、和戦双方を視野に入れた龍馬が、武力討幕となった場合、中岡に大きな期待をよせていたように思われてならない。

いずれにせよ、幕府を倒し、新しい国家体制を創るという大目標に向かって、二人は懸命に努力した。まさに、龍馬にとって中岡は、「私同様の人」ではなかったか。

慶応三年十一月十五日、二人は刺客に襲われ、当日に龍馬は絶命（享年三十三）、中岡は一時、回復の兆しをみせたが、事件から二日後の十七日にこの世を去った（享年三十）。

もし、中岡がいなければ、維新は成就しなかったのではあるまいか、と思う。

1838〜1867

土佐藩政の近代化に尽くした後藤象二郎

後藤象二郎《ごとうしょうじろう》はとにかく、気宇《きう》の大きな人物であった。

天保《てんぽう》九年（一八三八）三月十九日、土佐藩士・後藤助右衛門の嫡男として生まれている。義理の叔父に吉田東洋があり、東洋が「参政《さんせい》」となって藩政を掌握すると、その門下生から片腕となり、土佐藩の官吏としてその近代化に尽くすこととなった。〝新おこぜ組〟などと呼ばれている。

ところが、文久二年（一八六二）四月、東洋は土佐勤王党のメンバーに暗殺されてしまい、以後、党首の武市半平太が藩政を牛耳《ぎゅうじ》るようになると、後藤は藩政から遠ざけられてしまう。

翌文久三年八月、会津藩と薩摩藩によるクーデターが起こり、京都から長州系の尊皇攘夷勢力が追放されると、土佐藩内でもこれに連動して、土佐勤王党の弾圧が開始された。同年九月、武市ら土佐勤王党の幹部は捕らえられて投獄となり、武市らの奪回を策した同志二十三名も捕縛され、斬首に処せられた。そして、ついに武市は切腹を命じられ、土佐勤王党はここに壊滅する。

後藤は、これら一連の大弾圧の、陣頭指揮をとった男であり、藩権力を握るや、併せて、東洋が唱えていた貿易立国論を実現するため、さまざまな改革に着手した。西洋の技術を導入し、殖産興業、産業経済の近代化を促進する機関として、「開成館」を高知城下に設立。また、開成館の下部組織である「土佐商会」を通して、長崎を舞台に外国貿易を行なった。この事業の推進過程で、長崎に出張していた後藤は、慶応三年正月、土佐勤王党の一員であった坂本龍馬と初会見に及ぶ。

このころ、時勢は予断を許さず、勤皇方から派生した討幕派が、勢いを盛り返しつつあった。

後藤の恐るべきは、己れの成したこと＝土佐勤王党の大弾圧に素知らぬ顔で、龍馬らと手を結ぼうとしたところにも如実であった。龍馬は武市の同志である。それを殺した張本人が、手を結ぼうともちかけたわけだ。本来なら、この企画は成立すまい。

ところが、薩長連合の成立により、仲介業を行なっていた龍馬の主宰する亀山社中が、この時、経営不振に陥っていた。龍馬は、後藤の申し出を受けた。

後藤は龍馬のために亀山社中をひきとり、これを「土佐海援隊」に再編、経済的支援を約束した。そして、この二人の活躍により実現に漕ぎつけたのが、大政奉還であった。

維新後を生きた後藤は、死んだ龍馬の恩恵もあり、〝薩長土肥〟の主力四藩の一《いっ》・土佐藩閥の代表として新政府内で一大勢力を築いた。

しかし、明治六年（一八七三）の征韓論争を境に、野に下ってからは、同郷の板垣退助《たいすけ》らとともに自由民権運動を展開する。

明治二十二年、天性の変節漢である彼は、民権運動の同志を裏切るかたちで、黒田清隆内閣に逓信大臣として入閣。以後、第二次伊藤博文内閣の農商務大臣などを務めた。明治三十年に、六十歳で没している。主義主張に明確さのない、実に捕《とら》え処《どころ》のない不可解な人物であった。

1838～1897

亀山社中を支えきれなかった近藤長次郎

「術数余リ有リテ至誠足ラズ。上杉氏之身ヲ亡ス所以《ゆえん》ナリ」（『龍馬手帖摘要』より）

上杉（宗次郎）は近藤長《こんどうちょう》次郎《じろう》の変名である。近藤は天保九年（一八三八）、高知城下の饅頭《まんじゅう》屋の長男として生まれた。嘉永七年（一八五四）、河田小龍《かわだしょうりょう》の弟子となり、同じころ、小龍のもとに出入りしていた龍馬と知り合う。小龍門下の同志には、新宮馬之助《しんぐうまのすけ》や長岡謙吉《けんきち》（のち二代目海援隊長）らがいた。

万延元年（一八六〇）、江戸に出て安積艮斎《あさかごんさい》や高島秋帆《たかしましゅうはん》のもとで学問に励む。のち文久二年（一八六二）、龍馬らとともに勝海舟の弟子となり、翌年には神戸海軍操練所に隣接する私塾に入り、海軍技術の習得に日夜勤《いそ》しんだ。慶応元年（一八六五）六月、近藤は亀山社中結成に尽力し、薩長連合締結のため留守がちな龍馬にかわり、亀山社中の経営を取り仕切る。

龍馬は、このころの亀山社中の様子を姉・乙女に知らせた、慶応元年九月九日の手紙の中で、「二丁目赤づら馬之助（新宮馬之助）」や甥の高松太郎らとともに、「水道道横町（饅頭屋の所在地）の長次郎」は、いっしょに頑張っていると伝えている。

なるほど、亀山社中における近藤の活躍は目覚ましかった。とくに長州藩の兵器購入に際しては、長州藩士の伊藤俊輔《しゅんすけ》（のちの博文《ひろぶみ》）や井上聞多《もんた》（のちの馨《かおる》）にイギリスの武器商人グラヴァーを紹介し、新式銃・蒸気船の購入の斡旋、長州への輸送などに大活躍している。

長州藩は近藤の仲介を喜び、藩主への謁見を許すとともに、なにか謝礼をしたい、と申し出た。すると近藤は、外国留学を希望。長州側は経費を負担し、グラヴァーに密出国を依頼した。

しかし、留学計画は実行直前に社中の同志に知られ、中止させられてしまう。近藤は留学に関して、社中に一言の相談もしていなかった。そのことが露顕してしまったのである。社中の規則に違反する行為だ、と同志たちに責められ、慶応二年正月十四日、近藤は詰め腹を切らされてしまう。

事件の当日、京都にいた龍馬は、事の顛末《てんまつ》を聞き、

「近藤は権謀術数に長《た》けていたが、誠実さが不足していた。そのために自らの生命を失ったのだ」

と、冒頭のように述べた。近藤の享年は二十九であった。

たしかに、組織を維持するうえで、規則に違反した者には厳罰を加えることは必要だ。しかし、安政四年（一八五七）の時計収得事件では、拾い物の時計を酒代にしようとした山本数馬《やまもとかずま》を、皆が、

「武士にあるまじき行為だ」

として切腹させようとしたのに、龍馬は数馬を逃亡させる手助けをしている（のちの沢辺琢磨《さわべたくま》）。

龍馬は、無駄な流血を嫌悪していた。

事件当日に、もし彼が現場にいたとすれば、おそらく近藤の生命を奪うことを黙認はしなかったであろう。いずれにしろ、近藤の切腹は亀山社中の将来に暗い影を落とすことになった。

1838〜1866

龍馬を救った薩摩藩の代表・小松帯刀

薩摩藩士の西郷隆盛や大久保利通を、世に送り出した小松帯刀《こまつたてわき》を知る人は、よほどの歴史通であろう。

天保六年（一八三五）十月十四日、薩摩藩喜入《きいれ》領主・肝付兼善《きもつきかねよし》の三男、尚五郎《なおごろう》として生まれた帯刀は、幕末・維新期に活躍した薩摩藩士の大半が、下級武士であった中で、例外的に薩摩藩内屈指の名門の出であった。

安政三年（一八五六）、吉利《よしとし》領主・小松清猷《きよなお》の養子として迎えられ、小松帯刀清廉《きよかど》と名を改めている。名君と謳《うた》われた十一代藩主・島津斉彬《なりあきら》の亡きあと、薩摩藩は斉彬の弟の久光《ひさみつ》が藩主忠義《ただよし》の実父であったことから実権を掌握した。帯刀はその久光の信頼を得て、文久元年（一八六一）に側役《そばやく》に、翌年には家老にまで累進《るいしん》、藩政改革と人材登用に力を注いだ。

元治元年（一八六四）以降は、京都藩邸にとどまり、藩を代表して朝廷・幕府との折衝にもあたっている。

土佐の坂本龍馬と出会った帯刀は、翌元治二年の三月九日に神戸海軍操練所が廃止されると、行き場を失った龍馬たちを薩摩藩に引き取った。

「余計なことかもしれないが、彼ら浪人者を〝貿易の手先〟に利用するのは良策でないか、と西郷らと相談し、とりあえず彼らを薩摩藩邸に潜伏させることにした」

大久保に宛てた手紙で、帯刀はいう。

どうやら帯刀は、龍馬たちの海軍技術を活用して、薩摩藩の海運業にあたらせようとしたようだ。〝富藩強兵〟である。そのため、海軍操練所の旧塾生をともなって長崎に出張した彼は、亀山の地に彼らの宿舎を提供。薩摩藩士の身分を与え、藩の海運業に従事させた。のちの「海援隊」の母胎となる、「亀山社中」の誕生であった。

帯刀の協力を得て、龍馬はそれまで犬猿の仲であった薩摩藩と長州藩を同盟させるべく、東奔西走の日々を送る。そして、慶応二年（一八六六）正月、ついに薩長連合の締結へと漕《こ》ぎつけた。

この回天の席に、龍馬や西郷とともに帯刀も臨席、盟約書にその名を列記している。

慶応二年の後半、所有船の沈没などで「亀山社中」の経営が危機に瀕《ひん》したことがあった。龍馬は帯刀の仲介で、薩摩藩から資金援助を受け、ようやく一息つくことができた。

そのときのことを龍馬は、姉の乙女にあてた手紙で次のように語っている。

「去年七千八百両でヒイヒイとこまりおりたれば、薩州小松帯刀と申す人が出してくれ、神も仏もあるものにて御座候」

龍馬にとって帯刀は、〝神や仏〟のようなよき理解者であり、パトロンでもあった。が、薩摩藩にとっては、より以上に重大な人物であったといってよい。

1835〜1870

西郷や大久保といった下級武士を、名門出の帯刀が背後から支えていたからこそ、彼らは縦横《じゅうおう》の活躍ができたのである。一方、土佐藩には帯刀の役割を演じる者がいなかった。そのため、土佐藩では上士と下士の内紛がつづき、多くの貴《とうと》い血を流してしまった。

その後、帯刀は明治維新の実現に尽力したものの、明治三年（一八七〇）七月二十日、大坂で病没してしまう。ときに、三十六歳。

あまりにも、早過ぎる死であった。もし、いましばらく余命があれば、帯刀は間違いなく、明治日本の〝宰相〟になっていたであろう。

あるいは、西南戦争を未然に、防ぐことができたかもしれない。

第一章

幕末の知られざる英雄たち

トップの不在が招いた、十二代将軍・徳川家慶の失敗

徳川幕府の十二代将軍・徳川家慶《いえよし》は、歴代十五人の将軍の中で、最も劇的な時期に死んだ、といえそうだ。

否、この人物の場合は、〝死〟だけが後世の教訓となり得た、という意味で、稀有の存在であったといえるかもしれない。

将軍家慶が没する二十日ほど前、幕末の日本へアメリカの東インド艦隊司令長官マシュー＝カルブレイス＝ペリーが、四隻の〝黒船〟を率いて浦賀に来航してきた。

「開国せよ、しからずんば開戦に及ぶべし」

ペリーは幕府を恫喝《どうかつ》して、力ずくで日本を開国させようと迫ったわけだが、情報としてすでにペリーの来航を察知していた幕府は、平身低頭しつつも、得意の〝ぶらかし〟——時間を稼《かせ》いで、その間に相手方が痺《しび》れを切らせて席をたつのを待つ戦術——をもちい、この困難な局面を逃げ切ろうと考えた。

ここで重要であったのは、この〝ぶらかし〟が一面、トップの不在からきた窮余の一策でもあった点である。

将軍家慶には、幕府創設以来の、この国難に対応できるだけの気力・体力・知識・判断力といっ

たものが、もともと欠如していた。

無理もない。徳川幕府は鎖国によって、二百六十年近い無事泰平の世の中をすごしてきた。

いきなり世界史の、欧米列強によるアジア植民地争奪戦の現場に投げ込まれても、面喰らい、ただ茫然自失《ぼうぜんじしつ》して、立ち往生するのは仕方のないことであったろう。

ただ、いかに時勢に無能であったとしても、国政をつかさどるトップとして処すべき、幾つかの〝役目〟はあったはずだ。

たとえば、己れに替わる有能な後継者の指名――将軍家慶には世子として家定《いえさだ》があったが、この人物は精神薄弱者との評もあるほど、日常生活においてすら何かと支障をきたしていた。世の中が泰平なら、それとて問題はなかったろう。老中・若年寄といった幕閣たちが補佐し、ことなきを得るのも決して難しくはなかった。

だが、世はまさに動乱の幕開けを告げていた。

その危急存亡の秋《とき》に、家定は日本の国政はおろか、大奥の采配すら満足にできず、多くを生母の本寿院《ほんじゅいん》に任せっきりにしていた。

後世からふり返った場合、少なくとも将軍家慶は、いまひとりの将軍候補、将軍家の家族である〝御三卿〟の一《いっ》・一橋慶喜《ひとつばしよしのぶ》（のち十五代将軍）を後継に指名して死ぬべきであった。

いまだ、幕府は自力で維新の扉を開き得る、可能性をもっていたのだから――。

ところが家慶は、なにひとつとして後継については語らぬまま、発病して三日目に他界してしまった。そのため当然のこととして、十三代将軍の座には世子の家定がついた。

日本の幕末の混乱は、実は、この人を将軍に戴《いただ》いてから本格化したのである。

有史以来の最大級の危機に直面して、日本は愚かな新将軍と大奥以外に世間を知らないその生母に、国政を握られるに等しいという、考えられないような滑稽をやってのけてしまった。

危機を克服するに足る尊皇と攘夷の思想がすでにあり、欧米列強との戦争を回避すべき具体策である軍備の充実、洋式兵器の購入・操練の必要性も認識していながら、最も肝心な挙国一致を興起できるトップに恵まれなかった不幸は、幕府瓦解はもとより、このあとも長く、それこそ明治十年(一八七七)の西南戦争まで尾を引くことになってしまった。

かえすがえすも、将軍家慶の無策なままの死が、悔やまれてならない。

——人事の要諦は、人材登用にある。

その最たる要が、トップの人事であることはいまさら言うまでもない。

が、これがなかなかうまくいかない。

歴史の宿命なのであろうか。

急激な改革で反発を買った老中首座・水野忠邦

寛政六年（一七九四）というから、いまだ幕末の黎明期《れいめい》といってよい。

この年、肥前（現・佐賀県）唐津藩主・水野《みずの》忠光《ただあきら》の次男に生まれた忠邦《ただくに》は、兄の早逝により世子となった。文化四年（一八〇七）に元服し、同九年、父の隠居をうけて十九歳で唐津藩六万石を襲封している。

藩主の座についた忠邦は、幕府の要職に就任して、国政を自ら担当すべく志を立て、幕閣での昇進のためには、実高にめぐまれた唐津から、実入りの少ない遠江《とおとうみ》（現・静岡県西部）浜松への、所替《ところがえ》まで願い出るありさまであった。

これは幕府の法により、唐津藩主は長崎警固を受けもっていたため、老中にはなれない規則となっていたからである。

中央志向の強い忠邦は、大坂城代―京都所司代―侍従―西ノ丸老中を経て、天保五年（一八三四）、ついに念願の本丸老中に転じた。

資性英邁《えいまい》で、海外事情にも卓越した見識をもっていた忠邦だったが、不幸にして執政の前半は大御所・徳川家斉《いえなり》（十一代将軍）の在世中にあたり、何ら具体的な業績をあげられなかった。

そのためであろうか、家斉の死後、忠邦は十二代将軍家慶の信任を得て、それまでの遅れを一気

1794～1851

にとりもどすかのように、政策を矢継ぎ早に断行した。

まず、御側御用取次《おそば》・水野忠篤《ただあつ》ら家斉の側近勢力を粛正。他方で改革派を結集し、官民ともに日常生活での奢侈《しゃし》を禁止し、物価引き下げ政策、農村復興のための「人返し令」などの、世にいう〝天保の改革〟を断行した。

忠邦は幕府の財政を再建し、幕権強化を図ったうえで、〝国防〟の実現を急いでいたのである。

おりから、天保十一年（一八四〇）に隣国で勃発したアヘン戦争——大国の清が、イギリスに敗れ、香港を奪われ、上海《シャンハイ》など五港を開港させられた戦い——この悲報を受け、その三年後、忠邦は下総《しもうさ》（現・千葉県北部）印旛沼《いんばぬま》の開発工事を強引に着手する。

意義は大きかった。新たな財源を確保するとともに、浦賀水道を異国船に封鎖された場合でも、印旛沼開拓によって、江戸湾を利根川本流とつなぎ、江戸への軍需輸送路を確保しようとの狙いを持っていたからである。

また、江戸の十里四方、大坂の五里四方を、すべて幕府直轄領とする上知《あげち》（地）令の主旨も、根本は同じ〝国防〟にあったといってよい。

しかし、当時の幕府の財政は、すでに破綻に瀕《ひん》しており、そもそも急速な改革を断行するにはあまりにも脆弱《ぜいじゃく》であった。体力がなかったのである。

忠邦は財源不足を貨幣改鋳《かいちゅう》で補ったが、改革実行のための支出は増えつづけた。

結果、財政危機を招き、各層からの反発も強く、天保十四年閏九月、ついに忠邦は失脚し、罷免されて、改革は途上で幕を閉じることとなる。

翌年、それでも一度は老中に再任されたものの、かつての部下である鳥居耀蔵《とりいようぞう》らの悪事、なかでも西洋流砲術家の高島秋帆《たかしましゅうはん》を無実の罪に陥れたことに足を掬《すく》われて、ついに忠邦は政治生命を絶たれてしまう。

六万石のうち一万石を減封となり、その身は隠居となった。家督は嫡子・忠精《ただきよ》に相続が許されたものの、表高の半分に過ぎない実収の低い、山形への移封となる。

――水野忠邦への評価は、さまざまであろう。

だが、あえて彼のために弁明すれば、弘化元年（一八四四）にオランダ国王ウイルレム二世から、アヘン戦争を報じて同時に、日本も開国すべきだと説かれたおり、賛意を表した者は、幕閣にあって忠邦と老中格の堀親寚《ちかしげ》（信濃飯田藩主・二万七千石）の二人だけであった。忠邦にはこの時点で早々《はやばや》と、幕府の祖法である鎖国政策の限界が見えていたのである。

ただ、惜しむらくは改革を急ぐあまりに、思い切った政策を、強引につづけざまに発しすぎた。

それを裏づける財政基盤がないにもかかわらず、反対派を説得するゆとりもないままに……。

惜しまれるところである。

1794～1851

合理的指導で一大流儀を興した千葉周作

まったくの無名からスタートして、わずかな期間に先発の権威、独占市場を打ち破り、自らそれに取ってかわった男がいた。

――一代の剣客・千葉周作《ちばしゅうさく》である。

寛政六年（一七九四）、陸奥国気仙郡（現・岩手県陸前高田市）で馬医者・幸右衛門の二男として生まれた周作は、残念ながら出自は、正規の武士ではなかった。

祖父・吉之丞は奥州中村藩相馬家の臣であったというものの、北辰夢想流と称する流儀を開いた時点では、一《いち》農民でしかなく、剣に志をたてた周作は、まず正式な武士になることから始めねばならなかった。

旗本の喜多村正秀のもとで、俗に〝三ピン〟と呼ばれた下級奉公人の職につき、はじめて姓を公称できる身分となり、かたわら十六歳から小野派一刀流を浅利又七郎義信に学んでいる。

ちなみに、〝三ピン〟とは「三両一人扶持」の略語。江戸時代を通じて、最も低い武士の俸給が、これであったことに由来していた。

師に認められるまでになった周作は、さらに一刀流の総本山・中西忠兵衛の道場に入門を許され、やがて高弟〝四天王〟のひとりに数えられるまでになった（残りの三人は寺田宗有《むねあり》、白井亨《とおる》、高柳又四郎である）。

ここで免許を得た周作は、一度、浅利道場に戻っている。

浅利は彼を己れの養子に迎えようとしたが、自流独立を企てる周作は、これを辞退。祖父の編んだ流儀に、自らが学んだ一刀流を加味し、「北辰一刀流」の名を掲げて一流を立てた。ときに、二十七歳である。

さて、独立した彼は、どうしたか。ここであえて苦しい、諸国剣術修行の旅に出る。

なぜか。もはや江戸中には名門道場が乱立しており、若い周作が無名の流儀を看板にしても、割り込める余地が皆目、なかったからである。

地方から都へ攻め上る——周作は己れの剣名を高めるため、好んで他流試合を挑んでまわった。

が、それは一面、生死が隣り合わせた危うい日々でもあったろう。

しかし周作はこの苦境から逃げず、諸所で勝ちつづけ、その名声を広めていった。

やがて江戸に戻った彼は、日本橋品川町（現・東京都千代田区神田）に北辰一刀流の道場「玄武館」を開いた。

周作は教授方法に、工夫を凝らす。

当時としては、斬新な手法を用いたのである。権威ぶった教え方や難解な理屈を排除し、とにかく具体的にわかりやすく、合理的に説明することに徹した。

1794～1855

一刀流が初目録から免許皆伝までを七、八段階にも区分していたのを、周作は三段階（初目録、中目録、大目録皆伝）に改良している。

また、構え方もそれまでの〝下段星眼〟の一点張りに拘泥《こうでい》せず、剣を持つ各々にあった、自由な構えを持ってよし、とした。

次に神田お玉ヶ池に道場を移した周作は、隣り合わせの東条一堂《とうじょういちどう》の学問塾とも〝事業提携〟をし、玄武館で学ぶ者は東条塾へ、その逆も同様といった約束を取り交わして、文武両道を大義名分に、門弟獲得へ精を出す。

そして東条一堂が没すると、その塾をも合わせて道場を拡張、広大な江戸屈指の大道場をもつに至った。

稽古のすすめ方も要領よく、他の道場であれば五、六年もかかる修行が、玄武館では三年程度で済むと評判になり、ひきもきらぬ入門者で、ついには〝直門三千人〟の活況を呈した。

なおも周作は、自流の権威づけのため、水戸の藩主・徳川斉昭《なりあき》に接近し、軽格とはいえ、〝御三家〟の一つ、水戸藩に仕えることに成功する。

結果、玄武館はついに、幕末江戸の三大道場に数えられるまでとなる。

安政二年（一八五五）十二月十日、周作が六十二歳でこの世を去ったとき、北辰一刀流は押しも押されもせぬ〝天下〟の大流儀となっていた。

パンに窮余の戦略を求めた江川太郎左衛門

幕府は幕末、一人の得がたい傑物をもった。

――江川《えがわ》太郎《たろう》左衛門《ざえもん》英龍《ひでたつ》（雅号は坦庵《たんなん》）である。

享和元年（一八〇一）五月、伊豆韮山の代官を世襲する、中世以来の名家に生まれた太郎左衛門は、天保六年（一八三五）三月に父の死後、代官職を継いだ。

世直し大明神――と呼ばれるほど、民政に心掛けた彼は、江戸湾の前衛をなす伊豆にあったことから、〝海防〟にも早くから目を向け、蘭学を修め、高島秋帆《しゅうはん》について西洋流砲術を学んでいる。

この高島流＝西洋流こそが、幕末に大きく人脈を広げた、わが国正統の洋式兵学の学統であった。

太郎左衛門の門下からは佐久間象山、柏木忠俊《かしわぎただとし》、肥田浜五郎《ひだはまごろう》、望月大象《もちづきだいぞう》などが出て、象山の門からは勝海舟・坂本龍馬・吉田松陰・小林虎三郎が輩出している。

「日本を守るには、進んで西洋の制度や科学技術を取り入れねばならない」

太郎左衛門の確信は、恐るべき先見性といわねばなるまい。否、迫りくる欧米列強の外圧が、彼をしてそこまで、必死にさせたというべきか。なにしろ、日本が師父の国として尊敬してきた大国の清国が、ヨーロッパの島国イギリスの、近代兵器の前に脆《もろ》くも敗れ去り、屈辱的な条約を結んだことは、太郎左衛門のみならず、心ある日本の知識者を震撼させずにはおかなかった。

1801〜1855

では、どうすれば日本は清国の蹉跌《さてつ》を踏まないで、独立国の尊厳を守れるのか。太郎左衛門は幕閣に建策して、異国船の打払令を薪水《しんすい》給与令に改めさせ、大船建造の禁を撤廃せしめ、

「第一に砲術、第二に艦船、第三に城制、この三つを修備《しゅうび》仕り候得ば、実に地球中無比の強国の趣《おもむ》きと相聞え、万国愈《いよい》よ（日本の）御国威に敬伏《けいふく》仕るべく存じ候」

すなわち江戸湾防備の一環として、連珠のごとく台場（砲台）を築き、一方で近代海軍の創設を力説し、西洋の軍艦に負けない要塞（ひいては新しい国家体制）を築くべきだ、と建白書をもってくり返し述べた。

自らも、江戸と韮山に私塾を開いている。

だが、天保の改革の中、実現したのは品川の台場の一部と韮山反射炉だけ。

財政難の幕府は、わずか十一基砲塁のみ計画（しかも、完成したのは五基のみ）。

「これでは竹の先に紙を巻いて、品川の沖に立てておくも同然ではありませぬか」

太郎左衛門は切腹覚悟で抗弁している。

彼は幕府に度々、失望した。が、それでも可能な限りの努力をおしまなかった。

「気ヲ付け」「前ヘナラヘ」「右向け右」「廻レ右」

これらは太郎左衛門による造語である。

今一つ、意外なというべきか、彼は国土防衛の切り札として、重大な開発に着手していた。

――麺麭《パン》である。

十六世紀の後半、南蛮人によって鉄砲とともに日本へもたらされたパンは、キリシタンの聖餐式に用いられることから、徳川幕府の禁教政策で抑圧され、鎖国下では長崎においてのみ、細々と在留オランダ人のために供給される程度にとどまっていた。

太郎左衛門は、これを国土防衛戦に関連して蘇らせたのである。天保十三年（一八四二）四月十二日、長崎町年寄・高島秋帆の協力を得て、炭焼窯《すみやきがま》洋式のパン焼窯を構築した。

この頃、彼は英国艦隊が香港から北上して、一挙に日本を襲うことを、最も懸念していたようだ。火力に劣る日本の武士は、おそらく水際《みずぎわ》で敵軍を撃退することはできまい。陸上戦になる。それも武器に劣る日本側は、戦闘をゲリラ戦で戦わざるを得なくなるだろう。

このおりに大切なのは、敵にこちらの動き＝伏兵の位置を気付かれないことであった。それには炊煙をたてず、炊爨《すいさん》を必要としない軍糧――すなわち、パンを将士に携行せしめる外はない、と太郎左衛門は考え、彼の苦慮した戦略的発想によって、パンは再び日本人のもとへ帰ってきた。

日本独特の酒だね生地法を考案工夫した太郎左衛門は、アメリカ風をジョン万次郎に学び、ロシアパンの製法をも習得。塾の門弟に伝えて、全国へパンの製造技術を伝播させた。

安政二年（一八五五）正月十六日、一代の英傑はこの世を去った。過労死である。享年五十五。

日本の未来を心配しつづけた、一生懸命の生涯であった。

1823〜1899

幕末諸藩の改革と山田方谷

江戸時代の藩政改革といえば、出羽米沢《でわよねざわ》（現・山形県米沢市）の上杉鷹山《うえすぎようざん》などが著名だが、もし、江戸期を通じての、最高の藩政再建者は誰か、一人挙げよ、といわれれば、筆者は迷うことなく山田方谷《やまだほうこく》の名をあげる。

この人物ほど短期日に、藩政改革を成功に導いた人物は日本近世史にいない。

現在の岡山県高梁市《たかはし》――かつての備中松山の出身で、通称を安五郎、諱《いみな》を球《きゅう》、字《あざな》を琳卿《りんけい》、号を方谷といった。父は行灯《あんどん》の油を製造販売し、一方で農業を営んでいたおり、方谷はその長男として生まれている。

幼少のころから学問に秀で、十代半ばで父母を失いながらも、ときの松山藩主・板倉勝職《かつつね》がその学才を惜しみ、二人扶持の奨学金を出して、藩の学問所で学べる処置をとってくれたほどであった。

二十三歳で京都へ遊学。二年後、藩により苗字帯刀を許され、八人扶持。中小姓格となって、藩校「有終館」の会頭（教頭）を命じられた。

その後、三度目の遊学で、彼の学問は朱子学から王陽明《おうようめい》の陽明学へと移っていく。

「知ることは行なうことの初めであり、行なうことは知ることの完成である」

陽明学によって実践家としての目を開かれた方谷は、江戸に出て佐藤一斎のもとに改めて入門、やがて学を修めて三十三歳で藩校の学頭（校長）となった。

そして彼が四十歳のときに、桑名藩松平家より婿養子として入ってきて、藩主となった板倉勝静《かつきよ》（寛政の改革を指揮した松平定信《まつだいらさだのぶ》の孫）と出会う。方谷の弟子となった勝静は、このとき二十二歳であった。

方谷はその人物を見込まれ、藩の元締役及び吟味役の兼務を命ぜられ、藩財政の再建を託される。それにしても、一介の学者（それももとは一農民）が藩の門閥を飛び越えて、いきなり藩財政の全権を握ったのである。藩内は驚愕し、そのために混乱した。

しかし、揶揄《やゆ》罵倒に屈せず、方谷は藩の帳簿を改め、藩財政が全体の収支決算すら計算していないことを知る。

天災飢饉や不時の支出のたびに、後先を考えずに借金して、負債の山を築きながら、抜本的な改革にいっさい手をつけず、藩士の年俸を強制的に借り上げ、農民には年貢に加えて「高掛米《たかかけまい》」という臨時の税を課す、という無責任な財政処置が取られつづけていた。

その結果、雪だるま式に増えた借財の総額はついに、十万両を超えていることも判明する。

なによりも方谷が目を疑ったのが、表高五万石の松山藩が、その実高においてこの三年平均で年貢米を一万九千三百石しか収穫していない事実であった。

表高の五分の二にも満たない。このなかから藩士や領民への払い六千石を引けば、残る財政は一

1805〜1877

万三千石余。これを銀に置き換えれば、約一万九千両にしかならない。

この元本から国許の諸費用（三千両）と江戸藩邸の維持費（一万四千両余）、大坂・京都での諸入用（一千両余）を差し引くと、全くと言っていいほど藩にはお金が残らない。森林の木材を売り、高梁川《たかはしがわ》の河川通行料などの雑収入を借金の利子に充ててはいても、借入金本体はいっこうに減らず、それどころか毎年九千両ほどの利子が新たに派生、加算されていくことも知れた。

「節約などでは、とうてい追いつけぬ」

方谷は雪だるま式の負債を返却するには、幕藩体制の米本位の経済では不可能であり、金本位の経済をもって償却するしかない、と腹をくくった。

彼は自身で大坂に出向き、金を借りた豪商、銀主たちを一同に集め、自らの調査による帳簿を彼らに見せ、松山の実状を語る。

そして、藩再建の計画を示したのだが、これこそは幕藩体制下の経済を根底からひっくり返すほど、凄まじいものであった。

「大坂の蔵屋敷を廃止します」

方谷はこともなげに、いってのけた。

領内で収穫した米を大坂へ運ばず、松山藩で保管し、藩にとって有利な米相場でこれを売り、負債はそのまま現金で支払うというのである。

担保に入れていた蔵出の抵当を抜き、一時、十万両の借金を棚上げして返済に充てる、との方谷の計画は、綿密な返済明細により豪商たちの反対を押さえ込むことに成功した。

加えて、領内には良質な砂鉄があった。

これを藩営に組み込み、藩財政立て直しの切り札に使おうと彼は考える。

藩主勝静は方谷に報いるべく加増を沙汰したが、方谷は上級藩士の反発に配慮し、その地位のよりどころたる家禄を刺激しないようにと、辞退しつづけた。

「撫育局《ぶいく》」が新設され、領内の年貢米がこの役所に集められる。米相場の変動を見ながら、方谷はこの米を売買し、年間四千両から年によっては七千両の利益をあげた。

彼の改革は中級以上の藩士と豪農・豪商には厳しいものであったが、逆に下級藩士や農民を保護する配慮がなされており、飢饉のおりの餓死者がなくなって、百姓一揆も領内から影を潜めた。

一方、「撫育局」は高梁川対岸の近似《ちかのり》村に鉄製品の製造ラインを設け、「備中鍬《くわ》」をはじめ、あらゆる農具を製造し、製品は近い大坂ではなく遠い江戸に回送された。

大坂商人による中間搾取を、方谷は警戒しての配慮だった。無論、船も藩の直営である。

——藩政改革は、見事に成功した。

三年目で一万両を越えた利益は、翌年には五万両近くに迫る。

その一方で方谷は、信用を失っていた藩札を藩で買い取ることを領内に触れた。

1805～1877

嘉永五年、藩政改革がスタートして六年目の九月、方谷は三年間買収しつづけた藩札を公衆の面前で焼却してみせた。そのうえで、鉄製品の生み出した巨額の利益の一部を割き、札座に両替準備金を積立て、新しい藩札「永銭」を三種類、大々的に発行する。

一時は藩庫の底を突くかに見えた正貨が、今度はおもしろいように積み上げられていく。

領民たちは、方谷を信じたのだ。翌嘉永六年六月、ついにペリーが来航し、日本はいよいよ本格的な幕末（幕末の後半）を迎えることになるのだが、松山藩はこと財政的には微動だにしなかった（八年で十万両の負債を十万両の蓄財に変えることに成功している）。

方谷は、退き際の美学にもこだわったようだ。

改革の成功を見届けると、元締役を弟子で藩士の大石隼雄《おおいしはやお》に譲り、自らは退き、やがて城下から遠く離れた深い山中（のちの長瀬）へ移り住む。安政六年（一八五九）のことであった。

その方谷のもとへ、全国から前途有望の士が慕い、集まってくる。

越後長岡藩七万四千石の牧野家の家臣・河井継之助《かわいつぐのすけ》も訪ねてきた一人であった。彼は短期間、方谷と寝泊まりを共にし、その真髄を学んでいる。

一方、藩主勝静は異例の抜擢を受けて老中に上った。

勝静はすぐさま方谷を江戸へ呼び寄せる。そして顧問として幕政に参与させた。

しかし、方谷は腰の据わらない幕閣を痛烈に批判。五十九歳になっていた彼は、主君への強い不信を募らせ、ついに帰国してしまう。

その後、首席老中となった勝静は、時勢の移る中、ついには方谷に「大政奉還」の上奏文の代筆を依頼することになる。王政復古の大号令が下り、年が明けると戊辰戦争が勃発した。

実力二十万石以上といわれた備中松山藩は、慶応四年（一八六八）正月に官軍＝東征軍に城を明け渡し、翌年九月に新政府から藩再興を許されている。

この間、藩主勝静は一度、日光山南照院に入って恭順の意を表したものの、大鳥圭介らに幽閉先を救い出され、戦場を転々とし、五稜郭の開城に先だって脱走、東京に出て罪を待ち、今日でいう群馬県上野の安中藩に終身禁固のお預けの身の上となった（明治五年に帰国）。

新政府は方谷の卓越した経綸の才を惜しみ、中央へ出仕するようにと再三懇願したが、彼はついにそれを受けることはなかった。

明治十年（一八七七）六月二十六日、山田方谷は七十三年の生涯を閉じる。

実に、とんでもない人物がいたものである（旧主君の勝静は、明治二十二年、六十七歳で没している）。

1805〜1877

〝志〟こそ教育の原点を実践した緒方洪庵

幕末期、一世を風靡した蘭学塾に、天保九年（一八三八）、大坂に誕生した蘭方医・緒方洪庵《おがたこうあん》による「適塾《てきじゅく》」（正しくは適々斎塾）があった。

「適塾」は医学の分野を中心に、物理・科学・軍事・生物と、実に幅広い分野でのエキスパートを輩出し、それらの人々が明治日本の近代化に貢献した功績は計り知れない。

ちなみに、そうした人材を具体的に挙げてみると、日本赤十字社の生みの親・佐野常民《さのつねたみ》をはじめ、わが国の近代医学に貢献した高松凌雲《たかまつりょううん》。近代軍制の建設者たる大村益次郎《おおむらますじろう》、外交官となった大鳥圭介《おおとりけいすけ》。さらには、明治のオピニオンリーダーとなり、「慶応義塾」を創設した福沢諭吉《ふくざわゆきち》など、枚挙にいとまがないくらいだ。

適塾を主宰した緒方洪庵は、文化七年（一八一〇）七月十四日に、備中（現・岡山県西部）に生まれた人であった。父（惟因）が足守藩二万五千石の下士で、大坂の藩蔵屋敷の留守居役に任じていたことから、洪庵自身も大坂に出た。

そして蘭方医・中天游《なかてんゆう》（環《たまき》）の門人となって西洋医学を学び、二十二歳のとき江戸に出府。蘭医学の大家・坪井信道《つぼいしんどう》の許で修行し、長崎へも留学している。

適塾を開いたのは、二十九歳のときであった。

適塾＝適々斎塾の〝適々〟は、『荘子《そうじ》』の「大宗師編」にある、

「自分のこころに適するところを、適としてたのしむ」

から採ったもの。教育者であるとともに、医者でもあった洪庵は、二十年余りを費やした内科の翻訳『扶《ふ》氏《し》経験《けいけん》遺訓《いくん》』の中で、「医戒の大要」と題する付篇を訳していた。

これは適塾にとって、いわば教育の基本とされており、十二項目からなっている。

以下に、二項目のみ掲載する。

一、医の世に生活するは人の為のみ、をのれ（己れ）がためにあらずといふことを、其《その》業の本旨とす。安逸《あんいつ》を思はず、名利を顧みず、唯おのれをすてて人を救はんことを希《ねが》ふべし。人の生命を保全し、疾病《しっぺい》を復活し、人の患苦を寛解するの外、他事あるものにあらず。
一、病者に対しては唯病者を視《み》るべし。貴賤貧富を顧みることなかれ。長者一握《いちあく》の黄金を以《もっ》て、貧士双眼の感涙に比するに、其心に得るところ如何ぞや。深く之《これ》を思ふべし。

洪庵はわが身をもって、貧民の治療、公衆衛生、予防医学の活動をおこない、〝仁術〟という〝志〟を具体的に塾生へ示した。

しかも洪庵は、門人の福沢諭吉をして、

1810〜1863

「誠に類《たぐ》ひ稀《ま》れなる高徳の君子なり」

とまでいわしめたほどに、人物ができていた。

否、開き直っていたというべきか。

洪庵は酒が好きで、和歌を嗜《たしな》み、風流に遊んだ人であった。本来ならば、塾生には知られたくない己れの一面を、洪庵は包みかくさず、自身の地を自然のままに見せつづけた。

他方で、福沢が重病にかかるや、

「乃公《おれ》はお前の病気を屹《きっ》と診てやる」

と断じて、懸命にその看護につとめる人情味に溢れていた。

人間的包容とでもいおうか。こうした薫陶を受けた塾生たちは、その向学心を彌《いや》がうえにも燃やしたことであろう。

文久二年（一八六二）八月、洪庵は五十三歳で幕府に召され、将軍の御典医《ごてんい》となり、奥医師兼西洋医学所頭取をつとめたが、十ヵ月後、連日の激務の中で突如、喀血《かっけつ》して、そのまま息絶えた。もともと病弱であり、結核や肝臓も患っていたという。壮絶な戦死であったといってよい。

享年は五十四であった。

孔子から離れて、日本の儒教に生きた玉木文之進

「批孔《ひこう》」運動というのが、少し前まで隣国の中国にあった。

中国人の心骨を二千年もの間〝蝕《むしば》んできた〟、儒教を否定しようとするもので、一時は孔子の墓標まで破壊され、子供の遊びにすら孔子の首を刎《は》ねるものがあったという。

この話を聞いて、不思議に思った日本人は少なくなかったはずだ。

日本の徳川時代に、広く根を下ろした儒教、儒学は、明治維新後、近代国家の成立ともうまく噛み合い、渋沢栄一《しぶさわえいいち》の「右手に算盤《そろばん》、左手に論語」といったような、今日の経済大国・日本への強力なバックボーンともなった。

ところが、中国やその優秀な儒教門下生であった朝鮮半島の国では、産業や技術など国家繁栄必須のものが育たず、極言すればそうした重要部署についた人々の、親類縁者によって喰いものにされ、枝葉ばかりか根まで枯れてしまうことも少なくなかったと聞く。

なぜか。本来の儒教は、本質において同血の秩序を倫理化しており、「私」が「公」に優先するという原理をもっていたからである。

換言すれば、儒教の国では要職についた当事者が、正義感に燃え、汚職や不正を峻拒《しゅんきょ》すれば、「私」を優先させなかったことで、その人は没落しかねず、信じられないことだが、汚職をするといった

1810〜1876

行為は儒教的正義として、半ば公然とおこなわれてきたのだそうだ。

日本はこうした〝本家〟の混乱を、徳川時代、すでに完全に払拭していた。

たとえば、幕末の長州藩である。

一藩ことごとくを尊皇攘夷の色に染め、フライパンで熱した油のごとく狂躁させ、はねさせた松陰門下生＝松下村塾の閥――その元締ともいうべき吉田松陰は、少年時代、薄禄の藩士・玉木文之進《たまきぶんのしん》（叔父・一八一〇～七六）に学問を学んでいた。

ちなみに、この人物が天保十三年（一八四二）に松下村塾を開いている。

非役のときなど、文之進は畑を耕作しながら、甥の吉田寅次郎《よしだとらじろう》（松陰）を畦道《あぜみち》に坐らせ、農耕の合い間に儒学を教えた。

そうしたある日のこと。朗読中の寅次郎の頬に、一匹のハエがとまった。寅次郎が思わず手で頬を払ったところ、運悪く文之進に見られ、激怒した彼は寅次郎が失神するほどに殴りつけた。

文之進はいう。聖賢の書を読む行為は「公」であり、頬のハエを払うのは「私」の行為だ、と。

「公」の仕事をしているのに、「私」を思うことは許されない。幼少においてこれを徹底させねば、将来、藩の役人になったときに、公私の別を誤りかねない。それを知らしめるためにも、折檻を加えたのだという。

文之進のこの考え方は、些《いささ》か潔癖すぎるきらいはあったが、当時の日本――幕府にも諸藩にも、これに近い意識はあった。

その証拠に、明治維新後、「富国強兵」「殖産興業」を急ぐ新興国日本は、国家が管理して資本主義を育成したが、巨大な資本が投下される産業において、隣国に見られるような政府高官による悪辣《あくらつ》な汚職や、寄ってたかっての私利私欲＝喰い荒しはおこなわれなかった。

このあたりの事情を、明治期、日本に滞在していたラフカディオ＝ハーン（新聞記者・のち小泉《こいずみ》八雲《やくも》）は、友人のバジル＝ホール＝チェンバレン（東大教授）に宛てた手紙の中で、

「古き日本の文明は、西洋文明に物質面で遅れをとったその分だけ、道徳面においては、西洋文明より進んでいた」

と指摘している。

ハーンを含め、明治以降に日本を訪れた外国人が、そろって憧憬と賞賛をこめて「日本人」の中に見た伝統・文明とは、つまるところ、徳川時代に確立された自律と自己犠牲と美しさを兼ね備えた意識――「道義」「良心」、節・義・廉・恥の教え――多くは儒教を骨格としていながら、その実、日本流にアレンジされたところのものであった。

のちに、「武士道」と跡付けされた思潮である。

この思潮は斜交《はすか》いから眺めれば、なるほど、「痩《や》せ我慢」ともいえたように思う。

1810〜1876

尊大すぎた幕末の先覚者・佐久間象山

世の中には、賢さを愛嬌《あいきょう》で包むことができず、あたら才覚を活かせずに、人生を中途半端におわる人がいる。大半は、その性癖が尊大でありすぎることに原因があった。

幕末期、和漢洋の学問を究め、西洋流砲術の大家としても凄まじい才能を発揮した、佐久間象山《さくましょうざん》などは、さしずめその好例者といえよう。

幕末の文化八年（一八一一）二月二十八日、信州松代藩《まつしろ》の下士に生まれた象山は、諱を啓《ひらき》、通称を啓之助《けいのすけ》、修理《しゅり》。天保十三年（一八四二）に藩主・真田幸貫《ゆきつら》（父は松平定信）が幕府の老中として海防掛をつとめるにあたり、その顧問となった。

彼の秀才ぶりは、元服前から藩内につとに知られていたようだが、藩主幸貫はいう。

「予の家中にあって、ずばぬけた駿足は啓之助（象山）であり、将来、どんな者になるか楽しみだ。しかし、ちと駻《かん》が強すぎて、頗《すこぶ》る難物である。恐らく予の外《ほか》には、馭《ぎょ》し得る者はあるまい」

象山は心から、この主君を敬慕していた。が、幸貫への態度は例外中の例外。

学問の師や先輩は、象山の尊大な性格を危惧し、どうにでもして改めるように、と忠告を発したが、相手は耳を貸すような男ではなかった。

象山は主君の依頼で、西洋流砲術を江川太郎左衛門に学ぶこととなるが、なかなか大砲製造の秘術は講義してくれない。

「お一、二、三……、こんなこと、いつまでもやっておれぬわ」

それでなくとも、自負心の強い男である。

半年もすると、銃を担いでの操練に我慢ができなくなり、ならば、と退塾し、蘭学者・坪井信道《つぼいしんどう》の弟子である黒川良安《くろかわりょうあん》との交換教授――象山が黒川に漢学を教え、黒川が象山に蘭学を仕込む――で、アー・ベー・セーのイロハから入って、八ヵ月あまりで原書を読みこなせるまでになったという。

さらに、いまだ、片言しかオランダ語が読み書きできないのに、彼はショメールの百科全書を引いて硝子《ガラス》の製造を試み、ペウセルの砲術書を読んで、いきなり三听《ポンド》野戦砲や十二拇《ドイム》野戦砲、十三拇天砲などを試作、実演試射をやってのけていた。

先進国であるヨーロッパの兵学者が、こうした象山の〝暴挙〟を聞けば、あるいは卒倒したかもしれない。どこの国に、系統だった学問を積み上げずに、いきなり見よう見まねで大砲を創り、すぐさまそれをぶっぱなす、あぶない学者がいるであろうか。

「この世に、私ほど偉大な人物はいない」

心底から象山がそうした自負をもったのも、一面、無理はなかった。

弟子も勝海舟、坂本龍馬、吉田松陰、小林虎三郎《こばやしとらさぶろう》など多士済々。

が、この象山にしてなお、思い通りにならないことがあった。子宝である。

1811～1864

自らの遺伝子をもつ子供を、多く育てれば育てるほど、日本国のためになる、と真剣に周囲に語っていた象山であったが、皮肉にも多数の妾をもちながら、満足に育った子供は、次男の恪二郎《かくじろう》ただ一人だけであった。

焦った象山は、海舟の妹・順子を正妻としたが、どうしても子宝は得られない。

結果として、象山は一人息子の恪二郎に満幅の期待をよせた。しかし、所詮、恪二郎は象山ではない。別の人格である。著しく能力が劣った。

元治元年（一八六四）七月、一人息子に失望しつつ、象山は京都三条木屋町で攘夷派の河上彦斎《かわかみげんさい》らの凶剣に襲われ、五十四歳の生涯を閉じた。

「後ろ疵《きず》を受けて落命するとは、武士として不覚である」

常日頃、象山の尊大で人を見下す態度が、ここに来て災いした。

生きている間、象山には勝てなかった藩内の政敵たちが、一斉に彼を指弾し、佐久間家は断絶となってしまう。もう少し、象山の性格が寛容さ、丸味をもっていれば、もっと多くの仕事がやれ、暗殺を免れて、明治史にも不滅の金字塔《きんじとう》を打ち立てられたかもしれないものを、残念でならない。

非常時につとめて平常心を保った井伊直弼

幕末期、黒船来航にはじまる多難な政局の中、彦根《ひこね》藩第十三代藩主・井伊直弼《いいなおすけ》（一八一五～六〇）が、幕府の大老——臨時の老中の上席——に就任した。安政五年（一八五八）四月のことである。

彼は幕威回復のため、反幕派の公家・藩主・諸藩の士を大弾圧。これを後世では、〝安政の大獄〟と呼んだ。人々は、井伊を「彦根の赤鬼」と呼んで憎み、そして畏怖《いふ》した。

このおりの、大老井伊の精神状態はどうだったのだろうか、と筆者は気になって調べたことがある。彼にはこれといった症候群にかかった形跡が、まるでなかった。

それどころか、激務のかたわら「宗観」と号して、茶道に没入し、『茶湯一会集』なる著書までものにしていた。〝茶道〟には、緊張した現実から心を解き放つ作用があるとされている。筆者はここに、「彦根の赤鬼」の強さの秘密を、垣間みた思いがした。

その井伊の最期——万延元年（一八六〇）三月三日、彦根藩邸より江戸城に向かう途中で、彼が暗殺された〝桜田門外の変〟は有名である。が、藩邸出発前、井伊自身が浪士たちの襲撃を知っていた事実は、さほど知られていない。

その日、彦根藩の側役・宇津木左近《うつぎさこん》は、主君の行列を見送った直後、井伊の居間で開封されたままになっていた、一通の書状を発見する。そこには水戸脱藩の浪士どもが、井伊襲撃を計画してい

1815～1860

ることが告げられており、十分に身辺を警護するように、との忠告が認《したた》められていた。

一読して仰天した宇津木が、護衛増強の人士を送ろうとした矢先、血みどろになった行列参加の中間《ちゅうげん》が、邸内に駆け込んできた。

「しまった」

そのとき、すべては終っていた。

井伊直弼は、四十六歳の生涯を閉じる。

この人物は、決して愚鈍ではなかった。否、武士として、剣禅一如の悟りをつねに胸中にもっていた、人生の達人であったといってよい。茶道に加え、歌道も巧みであり、

梓弓《あずさゆみ》かけ渡したる一筋の
　矢たけ心ぞ武士《もののふ》の常

との歌は、その代表的なものとしてよく挙げられるが、この人らしい歌は他にもあった。

春浅み野中の清水氷り居て
　底の心を汲む人ぞなき

凍結しているのは、表面だけだ、と井伊はいう。その下には温暖の泉が滾々《こんこん》と湧き出ているのだが、人はそれを汲み取ってはくれない。しかし、彼は国政のトップとして愚痴ることなく、一切を〝平常心〟の中に包み込んだ。毀誉褒貶《きよほうへん》は無論のこと、身辺に迫った自らの危機にすら、常態のままで対処しようとしたのである。いつもと変らぬ警備態勢でもって、それでなお討たれるものなら是非もない、という心構えであった。

井伊は安政五年六月の日米修好通商条約の調印をリードし、一橋慶喜擁立派を押さえて、十月には紀州慶福《よしとみ》（のちの徳川家茂《いえもち》）の十四代将軍継嗣を決定。さらには、前出の秋霜烈日《しゅうそうれつじつ》なる〝安政の大獄〟の断行——吉田松陰や橋本左内の処刑——といった〝非常〟を、つとめて〝平常心〟で行おうとした。

本来、井伊は攘夷論者であった。これまで通りの鎖国主義が本心であったといってもいい。

だが、時代はこの人物をして日本の開国を決断させた。井伊はこれを、己れの運命として迎え入れた。こういう剛腹な、人生もあったのである。

ただ、幕府大老の死＝暗殺は、世上の勤皇派を勢い込ませ、幕府の存在を軽くしてしまったことは間違いない。難しい、ところだ。

「学問嫌い」から日本化学者の嚆矢となった宇都宮三郎

幕末の尾張藩に、どうしようもない悪童が一人いた。名を神谷銀次郎（一八三四〜一九〇二）という。家は代々の百石取りであったが、とにかく学問が嫌いで、手がつけられなかった。

藩校「明倫堂」に入学したものの、毎日、いたずらや喧嘩に明け暮れるありさま。自身も、

「ワレ、トウテイ学は成リ難シ」

と三年にして見切りをつけ、学問がだめなら武術で、と甲州流軍学と転心流の組打ち（柔術）、和流砲術などを学びはじめた。

生来、体を動かすことには向いていたのであろう、今度はうまくいき、日増しに腕をあげた。

しかし、すでにわが国の武術では、迫りくる欧米列強の武力の前に、まったく無力であることは明白になりつつあった。

もし、このまま武術にのみ執着していれば、銀次郎も黎明期の多くの剣客や軍学者と同様、世の時勢、流れにおいてけぼりをくったに違いない。

ところが、たまたま名古屋で西洋兵学を講じていた学者のもとへ、論争を吹っかけにいったことが奇縁で、銀次郎の後半生は百八十度転換する。

「とても夷狄《いてき》にはかなわぬ」

大砲ひとつを見ても、その優越は明らかであった。

西洋文明の巨大さに、はじめて頭を下げた銀次郎は、複雑な思いを胸に抱いて、西洋兵学を学ぶことになる。師は同じ尾張藩士で、砲術家としても知られていた上田帯刀《たてわき》。

講議を受け、海上砲術全書を読み、火薬の製法である「離合学」に行きついた。

西洋と日本の軍備の差は、つまるところ火薬の威力の差ではないのか。そう気づいたものの、学問嫌いの銀次郎には、そのような難しい研究ができる道理はなかった。銀次郎はかつて明倫堂を退学したように、至極あっさりと、「離合学」から手をひこうとする。

そこへ、ペリーの黒船来航の報がもたらされた。彼らは砲艦外交《ガンボートポリシィ》でインドを植民地化し、つい先年は隣国の清を侵略していた。

このまま座していたのでは、やがては日本も欧米列強の植民地になり果てる。日本人のひとりとして、それでいいのか。

「誰かが、離合学をやらねばならない。偶然ながら、このオレがそれに出会ってしまった。もし、オレがやらねば日本は滅びるかもしれぬ」

いささかオーバーではあったものの、銀次郎は彼なりの悲壮な覚悟で、鈍い頭を叩きながら、寝食を忘れて研究に喰らいついた。

学問は、才能やひらめきだけでもないらしい。

1834〜1902

銀次郎は間もなく、敵陣へ到達してから爆裂する〝着発弾〟を発明する。名を、宇都宮小金次と改名したのもこの頃のこと。

やがて銀次郎は江戸に出ると、安政四年（一八五七）、西洋流砲術の研究を理由に脱藩。江川太郎左衛門や下曾根金三郎など、高島高秋帆の高弟で、当時の西洋兵学の大家と交わり、勝海舟の推薦をえて、幕府の洋書調所製煉方出役となる。ここで銀次郎は兵科舎密のほかに、一般舎流学《せいみがく》（物理学）を教えた。

やがて洋書調所が開成所と改称されたおり、銀次郎は離合学応用の製煉所を「化学所」と改めるよう建議する。これが、わが国に「化学」の名称を用いた最初となった。この改名には、林大学頭《はやしだいがくのかみ》が難色を示した。「化学」では、どうも変な感じに聞こえる、というのだ。

銀次郎は次のように答えて、突っぱねた。

「ソレは変な字のようですが、中国では〝重学の力は物性を変ぜずといえども、化学の力よく物性を変ずるをもって、化学と名づく〟といっています。決しておかしくはありません」

おそらく銀次郎は、自分自身を「化学」そのものに擬していたのであろう。藩校一の頑童が、幕府に召し出されるまでの一流の学者となり得たのだ。物性が変じた、としかいえなかった。

銀次郎は幕府の陸海軍を中心に、それまでの和流を洋式に転換する作業に没頭したが、時局はやがて大政奉還、王政復古の大号令へとなだれこむ。

戊辰戦争中は病のため、奥州、箱（函）館などの東軍に参加できなかった銀次郎は、その罪滅ぼしにと、明治政府にかけあい、かつて同僚であった脱走組の榎本武揚《えのもとたけあき》らの助命嘆願に奔走した。

明治政府に代わっても、「化学」の知識は日本にとって必要不可欠とされ、工部省に出仕した銀次郎は、岩倉具視《いわくらともみ》を全権とする欧米使節団に途中から参加し、日本人の誰もが見向きもしなかった摂綿篤《セメント》に注目、この技術を日本へ持ちかえった。

セメント・耐火白煉瓦をはじめ、炭酸ソーダ・藍、電柱の防腐法、紙ヤスリなどを製造。メッキ加工を工夫し、皇居の造営にも参画。酒・醤油《しょうゆ》の製造の改良にもあたった。

明治十七年六月、工部大技長の職を退官するまで、明治初期の日本化学工業界の元勲として、重きをなしている。

明治三十五年（一九〇二）七月二十三日、数々の発明、改良をおこない、国家に貢献した化学者・銀次郎は、病を得て六十九歳の生涯を閉じた。

晩年の名を宇都宮三郎《うつのみやさぶろう》といったが、死ぬまで神谷銀次郎としての、初心を忘れなかったと伝えられている。

1834〜1902

〝財界の雄〟・五代友厚 ① 文豪が語る五代像

明治時代、五代友厚《ごだいともあつ》といえば〝東の渋沢《しぶさわ》（栄一）〟と並び称せられた、西の財界における大立者《おおだてもの》であった。

薩摩藩出身で、国家官僚として将来を嘱望《しょくぼう》されながら、あえて下野《げや》し、大阪にあって金銀分析所を開設。各地の鉱山経営に参与するかたわら、大阪商法会議所（現・大阪商工会議所）を設立して初代会頭となった人物である。

ほかにも、大阪株式取引所や紡績会社、住友製銅会社、増田製銅会社、神戸桟橋会社、東京馬車鉄道会社（のちの東京市電）、製藍《せいらん》事業、長崎船渠《せんきょ》など、数々の会社設立を手がけた。

また、大阪商業講習所（のち大阪商科大学、現在の大阪市立大学）などを含め、いくつもの学校、会社の設立に名を連ね、西日本財界の原動力として活躍している。

とくに、「天下の台所」として賑《にぎ》わっていた江戸時代の大坂――徳川幕府の崩壊とともに、寂《さび》れてしまったものを、〝煙の都市〟大阪として、近代的に甦《よみがえ》らせた功績は、今日なお不朽のものと評価されている。

明治維新によって、大坂の富豪、豪商は、幕府から御用金を搾り取られ、諸大名家への貸しつけ金を踏み倒され、本来の商いとは異なった理由で、その大半が倒産した。大坂の富は多くが失われ、ご一新とともに起こるべき近代資本主義の担い手が、実はスタート時点において、枯れかけていたのである。こうした大阪を建て直し、その富を回復しようとしたのが五代であったといってよい（明治四年・一八七一より大坂は大阪と改称）。

まさに大阪、否、日本の経済界の恩人といえよう。

王政維新にせんが為《ため》に、活動した多くの人々は、経済の力がいかに大きいかを知っていたが、維新の変革と共に、武士階級から直《ただち》に、軽蔑していた町人階級へ身を投じるという事は、矢張《やは》り中々出来ない事であった。人情として矢張り政権を握っていたかったが、時代の傾向を見て、直に両刀から、前掛《まえかけ》になった人々はこの点に於《おい》て当時の先覚者とでもいうべきもので、旧幕時代よりの富豪、実業家の間に伍《ご》し、一方に町人と、一方に官辺と握手して、日本の前期ブルジョア機関を構成した事は、見逃すべからざることである。そして、その薩派の代表人物ともすべき人が、五代才助《さいすけ》（友厚）であった。（直木三十五著「五代友厚　大阪物語続編」・全集六所収）

また、大阪で生まれ育った作家の織田作之助《おださくのすけ》は、自著のなかで、

「秀吉以後の、いや少なくとも明治の大阪の指導者として、開発者として、友厚の右に出る人は一人もない筈《はず》だ。比較し得る人もない。その頃、私は一日として自信を持たずには生きて居れない人

1836〜1885

間でありながら、全く自信を失ってうろうろしている日が多かった。彼の銅像の前を通る朝夕も、首垂れ、浮かぬ顔をしていることがしばしばであった。そんな時、ふと友厚の銅像を見上げると、私は決然とした」

と述べている。

多くの大阪人に、働く喜びと、夢と希望を与えた五代友厚であったが、人生とはおもしろいものだ。その彼が、尾羽《おは》うち枯《か》らした、ありし日の織田作之助と同様に、失意の底に沈んでいた時期もあったのである。とにかく、浮き沈みが激しかった。

――少し、その生い立ちをみてみたい。

天保六年（一八三五）十二月二十六日、五代は薩摩藩の儒者・直左衛門秀堯《ひでたか》の次男として生まれている。徳助、または才助と称した。父・秀堯は頼山陽《らいさんよう》が薩摩を訪れたおり、その応接にあたった人物。国学では負けるかもしれない、とあえて仏典について語ったといい、さらには宝蔵院流の槍術をふりまわし、山陽を辟易させて辞去させた、と伝えられている。

そうした父、同じく学問に秀でた兄・徳夫をもつ五代は、十四歳のおり、世界地図の模写を薩摩藩主・島津斉彬《しまづなりあきら》に命じられた父にかわり、二枚を写して、うち一枚を斉彬に献上。もう一枚を自分の書斎に掲げたという。

〝財界の雄〟・五代友厚 ②　毀誉褒貶の人生

五代友厚の凄さは、十四歳で地球がまるいということを知り、さらに地球儀すらも自らつくってみせたところにあった。

その性格は剛直果断で、しかも弁舌の雄であった彼の存在は、少年時代から藩内に知れわたる。

この五代が世に出るきっかけとなったのは、安政四年（一八五七）の長崎遊学＝オランダ式の海軍技術を修得すべく、藩命で長崎海軍伝習所に入所したあたりからであろう。航海術をはじめ、測量、砲術、数学など、何を学ばせても彼は優秀であった。

まさしく、前途洋々であったが、藩主斉彬の急死、その異母弟・久光《ひさみつ》による藩政の実権掌握により、いよいよ幕末の沸点に近づいていく過程で、五代は薩摩藩の外交を担当するようになり、武器商人のトーマス＝グラヴァー（三歳年下）と上海を訪れたり、長州の高杉晋作《たかすぎしんさく》、桂小五郎《かつらこごろう》（のちの木《き》戸孝允《どたかよし》）と交際したりと、実に華やかな日々を送った。

が、文久三年（一八六三）七月の薩英戦争に際して、急遽《きゅうきょ》、長崎から帰藩し、攘夷《じょうい》強行の藩論を、

「時代遅れ」

と断じて、開国の方向へ転換させようとしたが失敗。次善の策として、松木弘安《まつきこうあん》（のちの寺島宗《てらしまむね》則《のり》）とともに、意図的にイギリス側の捕虜となって、横浜へ拉致《らち》される。

1836〜1885

間もなく釈放にはなったものの、五代らの行動が〝武の国〟薩摩藩において、すんなりと認許されるわけもなかった。

昨日までの藩のエリート外交官は、同僚からさえ生命《いのち》を狙われ、一方において幕府の追及も執拗《しつよう》をきわめる窮状に陥る。

――偽名を使い、逃亡をつづける五代。

薩摩藩の家老・小松帯刀《こまつたてわき》は、上海《シャンハイ》への亡命を勧めるが、五代はこれを決然と辞退する。

刻一刻と状況の移る日本を離れては、己れ一人の生命《いのち》は助かっても、藩や日本国のために働けない、と五代は判断したようだ。

心身ともにくたびれ果てた五代を、匿《かくま》ってくれたのはグラヴァーであった。

このスコットランド出身のイギリス人は、動乱の日本情勢を巧みに利用して、一攫《いっかく》千金をもくろんでいたが、主要商いの武器輸入だけでは、飽き足らなかったとみえる。

在日英国公使の情報収集役を自ら買って出たり、独自に西南雄藩に接近をはかって、雄藩の政商、顧問の地位につきたい、と野望を燃やしていた。

そうした彼にとって五代は、きわめて重要な人物であったわけだ。

グラヴァーは日々、五代を匿い、接していて、そのすぐれた才覚と、日本人には稀有《けう》な開明的センスに驚嘆した。

特別な好意を示したのは、けっして彼の損得計算からだけではなかったように思われる。

一方の五代は、グラヴァーを通じて国際的情報——とりわけ欧米列強の動き——を入手。元治元年（一八六四）五月、彼は「五代才助上申書」と称する建白書を著わし、藩当局に自己の罪科を認め詫《わ》びるとともに、開国貿易と富国強兵を説くにいたった。

しかも、ここで注目に値するのは、その具現化のための絶対策として、外国貿易と併せて、海外留学生を英仏両国へ派遣することを進言した点にある。

六月、五代の帰参は長崎滞在のまま許された。このとき、彼は三十歳。

建白書には当然、グラヴァーの意見や知識もとり込まれていたにちがいない。

たとえば、留学生を派遣する場合の渡航費用を、五代は具体的な数字をあげて記している。これなど、グラヴァーの入れ知恵なしには書きえなかったに違いない。

逃亡生活の中で培《つちか》った忍耐力が、従来の果断で強引な五代本来の性格に加わったようだ。

慶応元年（一八六五）正月十八日、選抜された藩士に、留学派遣の藩命が下った。

五代は副使として、グラヴァー商会のオースタティエン号に、引率する十九名（うち留学生は十四名）とともに搭乗。五月に、ロンドンへ到着している。

ベルギー人のモンブランと出会い、合弁の貿易商社を設立する契約を結んだのは八月のこと。

幕府が日本を代表して、パリ万国博覧会に出品するのを知りながら、それとは別に「薩摩・琉球

1836〜1885

王国」の名で自分たちも出品。五代は縦横無尽の活躍を展開し、武器や軍艦の注文も果たして、翌年二月に帰国している。

彼が日本を留守にしている間に、土佐脱藩郷士・坂本龍馬の周旋で薩長連合が締結されていた。

慶応三年四月、龍馬の指揮下にあった「いろは丸」が、土佐藩の鉄砲・弾薬を輸送中、紀州藩の「明光丸」と衝突して、沈没するという事件が起きた。

この賠償交渉の、調停にあたったのも五代であった。

ご一新により、徴士参与職外国事務掛となった彼は、大阪在勤の中で衰亡していく大阪と接することになる。

明治元年（一八六八）九月十九日、大阪府権判事となった五代は、攻めくる欧米列強の外資を防ぐ一方で、大阪の富豪を説いて大阪に為替会社、通商会社を設立する。

だが、こうした彼の活躍は、国許の薩摩藩士たちからは認められず、艶福家で漁色も好きなその性格とともに、目の仇とされた。

根底には同郷人の、中央官僚への嫉妬、不平・不満があったといってよい。

「近来徴士先生達の不評判、十に八、九は驕奢《きょうしゃ》（おごってぜいたく）尊大の二に帰し候哉に候。凡俗嫉妬の情より相起候儀にて（下略）」

友人の高崎正風《たかさきまさかぜ》は、五代に官を辞して、大阪にとどまり事業をすることを勧めた。

これまでの彼の言動を、大阪の商人たちは好意的に受け取っており、五代を経済界の指導者として迎えたがってもいたようだ。

一度、鹿児島に戻った彼は、改めて大阪に居を構える。佐賀藩出身の政治家で、当時官僚だった大隈重信《おおくましげのぶ》が再び官途につくよう説得するが、五代はこれに応じなかった。

この頃、「友厚」と改名している。

それからの五代は、ほぼ思い通りに、順風満帆《じゅんぷうまんぱん》の人生を歩いた。官を辞して野《や》にくだっても、大久保利通《としみち》をはじめ、彼を支援してくれる人々には事欠《か》かなかったからだ。

しかし……。

元来、五代は心身ともに強健であり、逃亡時代も含め、医薬の世話になったことはなかったが、明治十三年頃から心臓病の兆候が出はじめ、ひそかに自身、警戒していたようだ。

一時、摂生して好きな酒（泡盛・ビール・焼酎）も煙草もやめたが、心臓病の進行は止められず、ときに胸がしめつけられるように痛み、食欲もおち、目も翳《かす》むようになる。

高血圧性心臓疾患――これが医師の診断であった。

明治十八年、これに眼病が加わり、糖尿病を併発した。

医師たちは揃って安静をすすめたが、日本近代産業群は、五代を決して放してはくれなかった。

さすがに視力が衰えて（白内障）からは、外出を控えるようになったが、〝三井〟と渋沢が結託し

1836～1885

た共同運輸が、岩崎弥太郎の〝三菱〟と衝突した、海運競争の結末＝日本郵船会社の設立による和解工作などでは、五代の斡旋が不可欠であり、彼は一切の事業から手を引くということができなかった。

いよいよ最期のときが迫り、五代は本籍を鹿児島から大阪へ移した。大阪を死に場所にしたい、との本懐によるものであったろう。明治十八年九月二十五日午後一時、長逝。享年は五十一であった。

まだまだ働ける年齢ではあったが、この生涯を走りつづけてきた男には、もうこのあたりで十分であったろう。

最後にもう一つ、蛇足を述べたい。

五代の没後、調べてみると、大富豪といわれていた彼には、なんと当時のお金で、百万円以上という膨大な負債があることが判明した。内閣総理大臣の年俸が、九千六百円の時代である。鉱山や不動産の整理で、どうにか償却したと伝えられているが、奔放な生活の半面、その生涯はきわめて清潔なものであったといえる。

いずれにせよ、この人物なくして大阪の再建はなかったに違いない。

第二章　明治維新の群像

幕末の日本をリードした名君・島津斉彬

「島津にバカ殿なし」

といわれた、歴代薩摩藩主の中にあっても、第二十八代の島津斉彬《しまづなりあきら》は、あまりにも出色でありすぎた。

なにぶんにも同時代、三百諸侯中、〝英明第一〟と称せられた人物である。

ちなみに、ひとつの算出方法によると、徳川二百六十五年の治世中、計五百八十藩の歴代藩主は四千二百九十余名を数えたが、これらの大名のなかで、後世の評価として「名君」とか、「賢侯」と呼ぶに値した人物は、おそらく全体の一パーセント――四十余名を挙げるのも難しかったに相違ない。

〝幕末四賢侯〟として定着した、四人のひとり、越前福井藩主・松平慶永《よしなが》（春嶽《しゅんがく》）などは、才人であったうえに、出自が八代将軍吉宗の玄孫《げんそん》（孫の孫）である将軍家の家族・御三卿の一つである田安家に生まれ、「御家門」の越前松平家の養嗣子となっただけに、他人をあまり褒めたことがなかったが、ひとり斉彬だけは別格であり、

性質温恭《おんきょう》忠順、賢明にして大度有所《たいどあるところ》、水府老公（水戸斉昭《みとなりあき》）、容堂《ようどう》（土佐藩主山内豊信《とよしげ》・幕末四賢侯のひとり）如きとは、同日に論じ難し。天下の英明なるは、実に近世（当世）最第一なるべし。

（『逸事史補《いつじしほ》』）


と手放しで、激賞している。

西郷隆盛《さいごうたかもり》を横井小楠《よこいしょうなん》とともに、

「今までに天下で恐ろしいものを二人みた」

と評した幕臣の勝海舟《かつかいしゅう》は、人物評の辛いことでも知られていたが、ひとり斉彬だけは、

「公は偉い人だったよ」

と後年しみじみと語り、『亡友帖』の中でも、
侯（島津斉彬）天質温和《てんしつおんわ》、容貌整秀《ようぼうせいしゅう》、臨《のぞ》むべく、其威望凛乎《そのいぼうりんこ》、犯すべからず。度量遠大、執一之《しゅういつの》見無《けんな》く、殆ど一世を籠罩《ろうとう》するの概《がい》あり。

と述べ、この文章につづいて、薩摩から人材が輩出したのも、すべて斉彬の、「薫陶培養《くんとうばいよう》の致す所」だ、といい切ってはばからなかった。

その斉彬の薫陶の結晶を、ひとりあげるとするならば西郷隆盛であろう。

〝明治政府より重い〟、とまでいわれた西郷は、のちに「敬天愛人」のスローガンを掲げた。が、

1809〜1858

この〝天〟とは具体的につきつめれば、斉彬に行きつくことを知る人は少ない。
「どのような方でしたか」
と、主君斉彬のことを他人に問われた西郷は、ただ一言、
「お天道さまのような人で……」
と、あとは涙で言葉にならなかったという。

筆者は常に思ってきたのだが、明治維新という日本史上の大業は、先人の斉彬における先見性や思想、哲学が、後継者、愛弟子ともいうべき西郷に受け継がれて実現されたもの、といえるのではないか。もし、この見方が許されるなら、英雄西郷の限界と可能性も、明らかにできるに違いない。

――その前に、少し島津斉彬の人となりをみておきたい。

文化六年（一八〇九）九月、薩摩藩主・島津斉興《なりおき》の嫡子に生まれた斉彬は、和歌もできれば、画は狩野派を能くし、習字は御家《おいえ》流の名筆。活花、茶の湯、能、鼓、謡曲――およそ、芸事で上達に苦労したものがなかった。学問は和漢に加えて、時代の最先端をいく蘭学にも精通し、曾祖父・重豪《しげひで》以上の才覚を発揮している。

では、才能は〝文〟のほうだけかというと、左《さ》にあらず。八歳からはじめた馬術は名人の域に達し、剛弓も引けば、槍もよくつかった。

薩摩藩士・黒田清綱《くろだきよつな》（のち子爵）は斉彬の思い出を語る中で、

「順聖公《じゅんしょう》（斉彬）は色が黒く体格はお背が高く横張りの頑丈なお方で、お正月のはじめなど『お目出度う』と隅々まで通る大きな声で仰せられたものである。言葉は純粋の江戸弁で、まことに音吐朗々威風堂々たるものであった」

と回想している。

同様に薩摩藩士・松木《まつき》弘安《こうあん》（のちの寺島《てらしま》宗則《むねのり》・外務卿）は、斉彬の側近として仕えたが、その手記の中で、次のように述べている。

順聖公（斉彬）言行寛徐なり、然れ共性敏少事も無事なるを苦しみ、毎朝十時政庁に出でて、午後二時燕居《えんきょ》（寛《くつろ》ぎの場所）に退かれ、更《さら》に宿直の侍者を召して公事を命じ、或は諸藩主等往復の書簡を親《みずか》ら復読し、或は簡（手紙）を出し、同時他臣の傍《かたわら》に在りて用を弁ずるを聞き、又案前（机の前）に書を購読するものあるの類、必ず一時に二事三事四事に渉《わた》らざることなく、如斯《かくのごとく》にも多忙を常とせられ、毎事明決、其計画立処《たちどころ》に成らざることなし。

同時に、幾人もの説を聞きわけた、といわれる聖徳太子のイメージである。

松木は、一時にいくつもの判断を正確に下せたという点について、斉彬のことを、

「二つ頭《びんた》」

1809～1858

と評して、感嘆した。薩摩言葉でいう、〝二人前の頭脳〟を斉彬は持っていたというのだ。

では、前出の松平春嶽をして、「近世最も第一なるべし」と言わしめた斉彬の凄味は、いったい何処にあったのであろうか。筆者はその類いまれな英邁さを、斉彬の手記『アヘン戦争始末』にみる。

幕末の天地を風雲につつんだペリー来航の十三年前、隣国清王朝がイギリスにアヘンを売りつけられ、それが端緒となって戦争に及んだ。世にいう、アヘン戦争である。

日本人の多くは、師匠国として中国に絶大な信頼を寄せていた。が、その大国の清が、ヨーロッパの片田舎の島国＝イギリスに、まさかの敗北を喫してしまった。

斉彬はこの一件を蘭書や蘭学者から伝え聞き、戦勝国イギリスの強さの秘密が、

「鉄砲と艦船」

にあることをつきとめる。また、この英邁な藩主は、その根元を、

「製鉄と蒸気機関の理法」

と分析してみせた。斉彬の偉大さは、むしろ、ここからであった。

さらに、製鉄と蒸気機関の理法を探究し、

「窮理（物理）と舎密《せいみ》（化学）」

この二つの学問にこそ、すべての源があったことを看破したところにも如実であった。

「一日も早くこの二つを実現すべく洋学を研究し、活用しなければならない」

と斉彬は、結論づけたのである。

同時に、次のような見解をも示した。

「――欧米列強は、明らかに日本国を占領併合するべくやってこよう。日本を守るためには、国が一つにまとまる政治の体制をつくり、殖産・興業・強兵・海運を開発して、わが方から彼らの勢力圏へ打って出るほどの威力を示さなければ、到底、列強の脅威を防ぎきれるものではない」

当時、斉彬はそのあまりに英邁な人柄を恐れられ、藩内の保守勢力を中心に妨害され、いまだ藩主の座には就いていなかった。が、三十代の若さで斉彬は、明確に明治日本の進路をすら予言していたことになる。

では、斉彬のこうした秀逸さの秘密は、突き詰めれば何処にあったのであろうか。

一つは、よく似ていると反対派が恐れる曾祖父・重豪の影響――蘭学に負うところが大きかった。

天保十三年（一八四二）八月に、アヘン戦争が終結し、敗れた清国はイギリスに香港を奪われ、上海《シャンハイ》など五港を貿易港として開かされた。居留権も与えている。

上海から長崎までは、蒸気船で三日の航程であっただけに、斉彬の蘭学への思い入れは、外圧を慮《おもんばか》って、この頃から激しさを増していく。

幕府の対外政策を厳しく批判し、『夢物語』を著した日本屈指の蘭学者・高野《たかの》長英《ちょうえい》（一八〇四～一八五〇）が、幕府に捕えられて牢につながれ、入獄五年後に脱走した時、その高野を匿《かくま》ったのは、

1809～1858

ほかならぬ斉彬であった。斉彬は高野にオランダ輸入の書物を翻訳させ、のちにはそれに基づいて、鹿児島湾の防備を固めている。

島津重豪に似通っていたがために、藩財政の破綻を呼びかねない、と危惧され、藩主就任の遅れていた斉彬は、異母弟の久光を推す反対派との抗争（お由羅騒動）に巻きこまれたものの、老中首座・阿部正弘《あべまさひろ》の後援をうけ、ようやく嘉永四年（一八五一）四十三歳で藩主の座についた。

藩主となった斉彬は、西郷ら下級藩士を登用し、一方で矢継ぎ早に集成館の科学工場群、造船、砲台、反射炉などの建設をスタートさせた。

藩士・市来四郎の『斉彬公御言行録』には、次のような九ヵ条が列記されている。文言を今風に改め、以下に記してみる。

一、国の政治というものは、衣食に窮するの民《たみ》なきに至ってはじめて完全といえるのだ。そう思って、自分はいつも苦労している。

一、天下の政事《ママ》を一変しなければ、外国との交際は出来ない。

一、十四、五年後には薩摩藩を日本一の富国にしよう。

一、惟新（義弘）公は軍事だけの英雄ではなかった。経済にもずいぶん心をもちいた人であった。

一、人間は一癖あるような者でなければ役には立たない。

一、人に一芸一能のないものはない。その長ずるところを採れば、捨てる人はない。
一、人心一和は政治の最肝要事だ。
一、民を富まし、国を富ますことを一日も忘れてはならない。
一、人間は愛憎の念にとらわれることを、極力、警戒しなければならない。公平を欠けば、目が曇ってしまう。

また、斉彬は春嶽や宇和島藩主の伊達《だて》宗城《むねなり》ら〝賢侯〟とともに、将軍継嗣の問題が起ると、水戸藩主・徳川斉昭の実子・一橋慶喜（のちの十五代将軍）の擁立を画策する。

しかし、反対派の井伊直弼の大老就任、日米修好通商条約の締結など、井伊の強引さに企てはことごとく潰え去った。

「ならば、武装上洛で事を決するのみ」

斉彬は天保山調練場に鉄砲隊の操練を閲し、薩摩藩兵をひきつれて上洛、江戸まで進軍することを決意した。ところが操練をみた帰途、病を得て、急逝してしまう。享年五十。

藩主在任は、わずかに七年にすぎなかった。

しかし、その育てた藩士の西郷や小松帯刀・大久保利通たちが、やがて旧主の「遺志」をスローガンに、明治維新で主導的な役割を担うことになる。

1809〜1858

寝技の効用を読んでいた岩倉具視

日本史の転換点には、必ずといっていいほど〝寝技〟の活用がおこなわれた。混乱を回避するための、事前の根回しであり、これはこと政治的には高度な戦術といえた。

たとえば明治維新の前夜、慶応三年（一八六七）十二月九日――この日、朝廷において王政復古の大号令が宣言されたが、その直後、〝小御所会議《こごしょかいぎ》〟と呼ばれる御前会議が、京都御所内で開かれた。

すでに十月、十五代将軍・徳川慶喜の大政奉還はなされていたものの、日本最大の勢力である徳川家が無くなったわけではない。

それどころか、国政を担当する幕府の役目を朝廷に返還し、一諸侯となった徳川家は、実力四百万石といわれる領土をそのまま持っており、近代的陸海軍も無傷、〝旗本八万騎〟も何一つ損なわれたわけではなかった。このままでは、新政府の存在が有名無実化しかねない。

なにしろ朝廷は、実質四万石の所帯でしかなかったのだから。

そこで西郷隆盛、大久保利通、岩倉具視ら討幕派の面々は、〝小御所会議〟の席上、前将軍慶喜の身分や徳川家の土地を奪う決定をして、徳川勢力の、日本地図からの一掃を図ろうと画策した。

だが、この時点で前将軍慶喜には、朝廷から非難されるようなウィークポイントはなかった。彼は旧幕府軍を率いて大坂へ下がっており、時勢の流れを静観していただけである。

当然のことながら、新政府に集められた諸侯の間でも、慶喜への同情論は少なくなかった。否、むしろ彼らにすれば、薩摩と長州の二藩が一部の公卿と結託して、朝廷を私している、とすら映ったほどだ。

慶喜への過酷な処置については、諸侯の多くが頑強に反対した。

その急先鋒が、土佐藩前藩主・山内容堂であったといってよい。正々堂々と慶喜擁護を説く容堂に押され、会議は討幕派に不利なまま、どうにか膠着状態にもつれ込み、ようやくの休憩に入った。

劣勢に立たされた岩倉、大久保は、御所の警護の任についていた西郷のもとへ、急ぎ相談に走る。

「どうすればよいか――」

と問われた西郷は、こともなげに、短刀を懐《ふところ》から出して、最後はこれだ、と刺すまねをした。

「いざとなれば、容堂を刺殺すればよい」

というのである。

それを間接的に聞かされた岩倉は、「なるほど」と、ここで〝寝技〟を用いた。

「その役、まろがやりましょう」

といい出した。

もちろん、本気で刺したりはしない。刺す気などないのに、わざわざ安芸広島藩主の浅野《あさの》長勲《ながこと》にこのことを話した。

1825〜1883

長勲は藩主家の傍流出身とはいえ、真面目な人物で、権謀術数を巡らす真似などできる質《たち》ではなかった。この人物に話したというのが、岩倉の〝うまい〟ところであったろう。

額面通りに、刺殺を受けとった長勲は真っ青になり、家臣の辻将曹《つじしょうそう》を通じて、土佐藩の後藤象二郎《ごとうしょうじろう》を呼び寄せた。話を聞いた後藤は、ここで騒ぎを起こすより、一度、容堂を沈黙させ、巻き返しの機会を待ったほうが良い、と判断したようだ。

さらに、この話が後藤の口から容堂へと伝えられるうちには、慶喜派の大勢は、この会議でこれ以上頑張っても意味がない、という方向へ流れてしまった。

まだ、徳川家と討幕派は武力衝突をしておらず、両者調停のチャンスは今後もあるはず、とゆるやかに判断したわけだ。

こうして休憩がおわり、朝議が再開されると、容堂は一転して沈黙し、討幕派は勢いを盛り返して、慶喜の「辞官・納地」を決定する。

岩倉はここまでの流れを、読んでいたのだ。

根回し、寝技というと、汚く姑息なイメージがあるが、この技法は一面、歴史が転換するおり、わが国においては多用された、高度な心理戦といえた。

幕末の良心的調停者・松平春嶽

――ここに、一人の名士がいる。

嘉永元年（一八四八）正月十六日、彼は少年時代の一橋慶喜を見て、その利発さに嘱目《しょくもく》した。そして、持てる限りの人脈・財力を傾けて説きつづける。

「いかなる犠牲を払おうとも、一橋卿を将軍世子に押し立てねばなりませぬ。それ以外に、わが国が救われる道はない」

吼《ほ》えるがごとく、慶喜擁立論を展開したこの名士こそが、松平春嶽《しゅんがく》（一八二八～九〇）であった。

「越前《えちぜん》少将」

と通称されている。後の安政の大獄で隠居・急度慎《きっとつつしみ》の処分を受け、諱の慶永《よしなが》を〝春嶽〟と号した。むしろこちらの方が、後世に通りがよくなったようだ。

春嶽＝松平慶永は徳川幕府の家門大名筆頭であった。越前福井藩三十二万石の第十六代藩主であり、藩祖は二代将軍秀忠《ひでただ》の兄・結城秀康《ゆうきひでやす》で、将軍家に万が一の事態が出来《しゅったい》すれば、藩を傾けても尽くす様に、と厳命した藩祖の遺訓を藩是とした家を継いだ。

加えて春嶽その人は、将軍家の家族ともいうべき「御三卿」の一・田安《たやす》家に生まれ、将軍家とはごく近しい間柄であった。十一代将軍・徳川家斉《いえなり》は春嶽の伯父にあたり、十二代将軍の家慶《いえよし》は従兄

1828～1890

弟の関係。ちなみに、慶永の諱《いみな》は、将軍家慶の一字を拝領したものであった。

春嶽は後にペリー来航後の混乱期に、世上で「四賢侯」の一人などと囃《はや》されるが、確かにその聡明さは三百年来、類の少ない大名であったろう。

すでにペリー来航以前、藩の洋式化に着手し、藩経済を米穀依存の古い体質から、産業育成中心の発想へ切りかえることにも成功していた。民政家としても進歩的で、領民に種痘《しゅとう》を実施して天然痘による死亡を減少させたりもしている。

開明主義者の名に恥ず、幕府の権威が徐々に低下している様を看破《かんぱ》し、幕藩体制の建て直しを、誰よりも早い時期に主張し、自ら行動した。さらに、春嶽が手掛けた幕権回復運動は、後世、将軍継嗣問題として語られることになる。

嘉永六年六月、ペリー率いる黒船が浦賀に来航した。ペリーは開国通商を要求してきたわけだが、このとき、十二代将軍の家慶《いえよし》は病床にあり、次代を継いだ家定《いえさだ》は挙措《きょそ》動作が常人と異なる凡愚な人物でしかなかった。

国難に対処する次善の策は、英明な将軍世子（後継ぎ）を擁立することであり、春嶽がいち早く目をつけたのが、水戸藩主家から「御三卿」の一・一橋家を継いだ慶喜であった。

対抗馬は、紀州藩主の徳川慶福《よしとみ》——。

将軍継嗣問題が俄《にわか》に、国政の最重要課題として浮上した安政三年（一八五六）、慶喜は二十歳で、慶福は十一歳であった。それを二十九歳の春嶽が率先して慶喜を担ぎ、支持者を集めて一橋派を形成した。

この派には薩摩藩主・島津斉彬《なりあきら》、土佐藩主・山内豊信（容堂）、宇和島藩主・伊達宗城ら〝賢侯〟が参加しており、さながら家門と外様雄藩の連合体の観を呈する。勢い対立派閥＝南紀《なんき》派は、これまで幕政を預ってきた譜代《ふだい》大名と大奥が結ぶことになった。

両者の暗闘は一年半に及び、結局、南紀派が勝利をおさめてしまう。これには一橋派の主力であった老中首座・阿部正弘が三十九歳で急逝し、反対派に彦根藩主・井伊直弼《なおすけ》が大老に就《つ》いたことなどが挙げられたが、春嶽に関していえば、その活動がどこまでも直線的、かつ書生じみていた点を挙げねばならない。

将軍継嗣に慶福が正式決定される前日、春嶽は彦根藩邸に押しかけて大老直弼と論戦し、なお不時登城までして大老の専横を難詰したが、一切はあとの祭りであった。

「わが生涯は、今日にて終れり。もとより覚悟せし事なれば、また何をか言はん」

処分を受けた春嶽は慨嘆し、霊岸島の別邸に籠って謹慎生活に入る。

この春嶽の、懐刀《ふところかたな》として将軍継嗣問題に活躍した橋本左内《はしもとさない》は、この主人を評して次のように述べている。

「君上（春嶽）には天下の奸雄・豪傑をも、籠絡あそばれ候御手段に御乏《とぼし》く、唯々御誠心一片に帰

1828〜1890

し、仁柔の風勝《まさ》り、撥乱《はつらん》（世の中の乱れを治める）の御器量に相成らざるか」

この上なく誠実な人柄だが、万難を排してやり抜く器量に欠けているというのだが、一面、春嶽の価値はその〝誠心一片〟にあったといえるかも知れない。

佐倉藩の執政・西村茂樹《しげき》も、春嶽のひととなりを、

「英邁俊偉の人に非ずして、かえって忠諒《ちゅうりょう》恭謹の人なり」（『記憶録』）

と記していた。

安政七年（万延元年＝一八六〇）三月三日、大老・井伊直弼が桜田門外の変で没し、この凶変に端を発して幕府は、その弱体化を一挙に世間に露呈してしまった。その反動であろう。文久二年（一八六二）七月、春嶽は政事総裁職に任じられて中央政界に返り咲く。

名称こそかえたものの、この職は明らかに大老にかわる権限を持つものであった。

将軍後見職　一橋刑部卿《ぎょうぶきょう》慶喜（二十六歳）

政事総裁職　前少将《さきのしょうしょう》松平春嶽（三十五歳）

幕府の新人事は、文字どおり天下を狂喜させた。この二人の登場によって、迫りくる欧米列強の圧力から日本は救われて再生する、と朝廷も諸侯も、草莽の志士たちさえもが心からそう信じた。

確かに一見、二人は幕府権力を掌握したかに見える。だが、その実はむしろ逆であった。

「大体あの節の後見・総裁といふものは、唯の大老でもなければ何でもない。そう考へなければ能

く分らない」（『昔夢会筆記《せきむかいひっき》』）

のちに、慶喜は回想している。

幕閣は両者をまつりあげ、旧来の老中や若年寄、大目付らで一切を協議し、一致した事柄だけを〝ご相談〟の体をとって、慶喜や春嶽の許に伺った。

こうした幕閣の対処に応じる中、次には慶喜と春嶽のあいだに、相互不審にも似た空気が微妙に漂いはじめる。が、それは春嶽の一人相撲《すもう》の観がなくもなかった。

春嶽は一橋派の中心として、慶喜推輓に懸命の努力をはらったが、慶喜その人を真に識っていたのか、と立ち止まってよくよく顧みると、そこには多分に己れの創り上げた偶像崇拝のあったのも事実であった。

ともあれ、慶喜を幕閣の中枢に据えさえすれば……と、一心不乱に奔走してきたのだが、具体的な政策方針の総攬《そうらん》にあたり、春嶽は己れと全く噛《か》み合《あ》わぬ得体の知れない人物をそこに見てしまったようだ。春嶽の政治意識は明らかに幕府中心から、朝廷主宰の方向へ転換しつつあった。

しかし、慶喜はあくまで幕府の存続にこだわりつづけた。

二人の考え方が決定的決裂を見たのは、元治元年（一八六四）二月十六日——中川宮邸での会議の席上、慶喜は酒気を帯びた勢いもあっただろうが、島津久光《ひさみつ》、伊達宗城、春嶽らをこともあろうに、

1828～1890

「天下の大愚物、天下の大奸物《かんぶつ》」と罵倒《ばとう》。朝廷主宰の参与《さんよ》会議を潰《つぶ》してしまったときであったように思われる。

十四代将軍家茂《いえもち》（慶福）の急逝にともない、慶喜へ将軍就任の要請がなされた時も、春嶽は反対している。

慶喜が政権返上を決断したときには、逆に、それこそ「一身・一家・一族の私情を没収し、大政奉還を本望《ほんもう》とする将軍の心境」に感激したと述べ、「責任を若年の天皇に投げかけるが如きことのないよう」有終の美を失わぬように、と懇切ていねいにアドバイスしている。

だが、尊攘討幕派は王政復古の大号令を発し、慶喜に「辞官納地」を迫った。

春嶽の胸中には、栄辱《えいじょく》も褒貶《ほうへん》もない。

「一誠ただ拙《せつ》を守り」に、慶喜の助命と徳川家の行く末だけを考え、その周旋に最後の誠実を発揮する。幸い彼は薩長両藩にも好意をもたれていて、その良心的調停者の役割は際《きわ》どいところで、内戦の危機を回避する一因ともなった。

維新後、新政府は春嶽を顕職に就けたが、二年も経《た》つとすべてを放り出して彼は隠退した。

明治二十三年（一八九〇）六月二日、春嶽は六十三歳をもってこの世を去った。

国家の大業を為し得た西郷隆盛　① 失意に沈む

明治維新の大立者・西郷隆盛に、「獄中有感」と題する一編の漢詩（七言律《しちごんりつ》）があった（『南鼠集』所収）。

以下、読みくだしてみる。

朝《あした》に恩遇《おんぐう》を蒙《こうむ》り　夕《ゆうべ》に焚坑《ふんこう》せらる
人世の浮沈《ふちん》　海明《かいめい》に似たり
縦《たと》い光を回《めぐ》らさざるも　葵《あおい》は日《ひ》に向《むか》い
若《も》し運を開くなくとも　意《い》は誠《まこと》を推《お》す
洛陽《らくよう》の知己《ちき》　皆《みな》鬼となり
南嶼《なんしょ》の俘囚《ふしゅう》　ひとり生《せい》を竊《ぬす》む
生死何ぞ疑わん　天の附与なるを
願わくは魂魄《こんぱく》を留《とど》めて　皇城を護《まも》らん

文意は、朝には優遇されていながら、夕方には生き埋めの虐待《ぎゃくたい》を受ける。人の世の浮沈は、あた

1828〜1877

かも月の満ちたり欠けたりするようなものだ。だけど葵の花は、たとえ陽光が射《さ》さなくとも、おのずから太陽について回る。私もまた、再び召還の命がなくとも、君侯に対する誠意は変わらない。ああ洛陽（京都）の知己はみな死んでしまい、南の島（沖永良部島《おきのえらぶじま》）で己《おの》れ一人は、のうのうと生き長らえている。しかし、生死ともに天命である。疑うべき余地はないが、よし、死んでも魂魄だけは、この天地にとどまり皇城を守りたいものだ、となろうか。

この詩には、常に大きな目玉に炯々《けいけい》たる光を湛《たた》え、寡黙《かもく》でおよそ己れの心情など、語ることのなかった西郷の、知られざる一面が見受けられる。

幕末維新における西郷の存在は、時代の中で隔絶していた。

その立場や思想、利害得失が複雑にからみ合う百鬼夜行の混乱に、率先して終止符を打ち、「討幕」という目標のもとに諸勢力を結集した。そして、ついには鳥羽《とば》・伏見《ふしみ》の戦いにはじまる戊辰《ぼしん》戦争、江戸無血開城をリードして、明治政府の樹立をなし遂げたのは、ひとえに西郷の器量に負うところが大きかった。

だが、こうした西郷の偉業も、多くは四十代に入ってからのものであり、それまでの三十代、西郷が奄美《あまみ》大島や徳之島《とくのしま》、沖永良部島での、計四年余に及ぶ生活を強《し》いられていた事実は、存外、見落とされがちである。

西郷の二度にわたる配流は、それ以前の輝かしい実績があればあるほど、過去の栄光が重圧となって、わが身に覆い被さったに違いない。その証左に、安政五年（一八五八）十一月十六日、西郷は勤皇僧・月照《げっしょう》と相擁して、月明かりの錦江湾《きんこうわん》に入水《じゅすい》している。が、三十二歳の西郷だけが救《たす》けられ、昏睡《こんすい》状態から目醒《めさ》めた。

つまり、彼は死に損なったわけだ。

――少しそれまでの、西郷を補足しておきたい。

文政十年（一八二七）十二月七日に、鹿児島の甲突《こうつき》川のほとり、下加治屋《しもかじや》町に生まれた彼は、下級城下士＝小姓与の長子であった。

十八歳のとき、いまならさしずめ役場と税務署を兼ねたような、「郡方書役助《こおりかたかきやくたすく》」（見習）の端役《はやく》についたが、ここで西郷は己れを引き立て、育て、一流の人物となしてくれる人物と出会う。四十三歳で薩摩藩主の座についた、島津斉彬《なりあきら》であった。この藩主は、幕末を通じて最も英邁《えいまい》と称された人物であり、そのことが西郷に幸いした。

斉彬は藩主になるや、迫り来る欧米列強の脅威《きょうい》に対して、明確に「富国強兵」「殖産興業」といった、来るべき次の時代の青写真をもって対処しようとする。

そのためには、「有能な人材登用」が不可欠。人材発掘に躍起《やっき》となっていた斉彬は、軽輩の西郷が藩庁へ提出したる意見書を読み、この若者に注目する。そして、二十八歳になっていた西郷は、「庭方役」を拝命。斉彬の、非公式な秘書的役割を担うこととなる。

1828〜1877

国家の大業を為し得た西郷隆盛 ② その悟り

西郷隆盛が「庭方役」を拝命した当時、幕府はペリーの来航により、二つに割れていた。

一つは老中首座・阿部正弘《あべまさひろ》や斉彬など、開国派の陣営。今一つは、幕政は飽くまでも譜代大名で独占すべし、とする守旧派の人々。この陣営には、のちに大老となる彦根《ひこね》藩主の井伊直弼《いいなおすけ》がいた。

当初、前者が優位であったが、三十九歳の若さで阿部が急逝すると、にわかに後者が勢力を盛り返す。

両派の対立は、十三代将軍・徳川家定の後継者問題にからんだ。将軍家定は幼少のころから病弱で、正座することも、まともに口をきくこともできない人で、それゆえ将軍の名代＝後継者を求める声は、重大な政治問題と化した。

候補は二人あった。一人は、水戸藩主・徳川斉昭の第七子で〝御三卿《ごさんきょう》〟の一つ、一橋家を継いだ一橋慶喜。英邁の誉れも高い二十一歳。もう一人が、血統では将軍家により近い、紀州藩主の徳川慶福（十二歳）であった。

結局、両派の争いは、井伊の大老就任による強権発動で決着がついた。

彼は安政五年（一八五八）、ペリーの成果を受けて来日した初代日本総領事ハリスとの間に、朝廷に無断で日米修好通商条約を調印。十四代将軍を慶福（改めて家茂）と決して、多くの反対派に弾圧を断行した。世にいう、〝安政の大獄〟である。西郷の維新前の活躍は、このような〝安政の大獄〟につながる事情を、踏まえておかねば理解しにくい。

「庭方役」となった彼は、もっぱら将軍継嗣問題を担当し、将軍慶喜を実現すべく、朝廷の条約反対をとりつけるなど奔走《ほんそう》した。その過程で、西郷の名は天下に知られ、薩摩藩の若手を代表する立場にまでたったのである。京都の清水寺《きよみずでら》の住職・月照と知己となったのも、このころのこと。

しかし、幕政改革派は一橋慶喜の擁立《ようりつ》に失敗した。そのうえ、武装上洛を決断した斉彬まで急死してしまう。主君の死を知った西郷は、一度は「殉死《じゅんし》」を決意した。

が、当時、彼には水戸藩への工作＝やりかけの仕事があった。途中放棄は許されない。亡《な》き主君斉彬のためにも果たさねばならない、と思い直したものの、井伊の弾圧は強力で、とうてい一個の西郷に抵抗できるものではなかった。

己れのみか、同志の月照の身辺も危うくなり、西郷は月照を匿《かくま》うべく薩摩国を目ざさねばならなくなる。だが、故郷は二人を喜んで迎えてくれる状況にはなく、月照は日向《ひゅうが》（現・宮崎県）の国境で、斬り捨てに処することを画策されるありさま。

主君を失い、その遺志は遂げられず、盟友への信義すら果たせない状況の中で、さしもの西郷も行き詰まり、錦江湾で月照と入水《じゅすい》をはかる。が、死にきれず、一人生き残って奄美大島の龍郷《たつごう》へ。流された西郷は、この地で生涯を終えるべく、あんご（島妻）の愛可那《あいかな》を娶《めと》り、子をもうけ、ささやかな平穏を得る。

だが、ほどなく時勢が動き、藩からの召還命令がくだった。活動を再開した西郷だったが、斉彬にかわって、「監国」＝〝国父〟として藩権力を握った異母弟・島津久光の怒りにふれ、

「二度と復帰はない」

と厳しく言い渡され、こんどは徳之島、ついで沖永良部島への流罪となってしまう。

彼が自暴自棄に走ることなく、運命とまっすぐに向かい合えたのは、一度死に損《そこな》った現実があったからだ、と筆者は思ってきた。

そして到達した西郷の悟《さと》りが、以下の名言である。

「命《いのち》もいらず、名もいらず、官位も金もいらぬ人は、始末に困るもの也。此《こ》の始末に困る人ならでは、艱難《かんなん》を共にして国家の大業は無し得られぬなり」（『南洲翁遺訓』）

西郷は流島生活のなかで、いわば人間としての〝完成〟を、己れに試練として課した。彼が他者に隔絶《かくぜつ》した存在となった秘密――その器量が何によって培われたのかをも含め――は、これによって知れよう。

やがて薩摩藩は、急転する時勢の中で、ついに行きづまりをみせた。

藩政の実務をあずかる大久保一蔵（利通）は、この局面で西郷隆盛呼び戻し運動を展開。西郷嫌いの久光を説得して、ようやくその実現、再活動に漕《こ》ぎつける。そこへ、元治元年（一八六四）七

月の禁門の変が勃発した。軍賦役《ぐんぶやく》に任命されて京都に駐在した西郷は、変転する政局を横目でみながら、薩摩藩の力を温存すべく「薩会同盟」を結んで長州勢を迎え撃ち、これを退けた。

中途半端の第一次長州征伐につづく、第二次長州征伐では出兵に反対を唱え、裏で「薩長連合」を画策する。慶応二年（一八六六）正月、ついにこの秘密同盟は締結に漕ぎつけた。

昨日までの仇敵であった長州に、自らへりくだって頭をさげる行為は、西郷の器量なくしてはできないことであったろう。

第二次長州征伐に臨んだ幕府軍の敗北。つづく王政復古の大号令。江戸を無血開城に導いた西郷は、新政府の重鎮となり、参議の座につく。

だが、新しい明治政権は西郷の望むものとは明らかにちがっていた。失望した彼は、征韓論（正しくは朝鮮への使節派遣の賛否）の論争に破れたことから、故郷へ戻る。

狩りをしながら、余生を楽しむ西郷だったが、新政府への不平・不満は後を絶たず、ついに明治十年（一八七七）、西南戦争がおき、はからずも西郷はその大きすぎる器量ゆえに、あえて薩軍に担がれて、その総帥となった。城山《しろやま》の陥落で、彼は自刃する。享年五十一。

西郷の死は士族の反乱の終焉《しゅうえん》と重なり、新しい日本の〝政治〟が、ここからスタートしたことを意味していた。

1828〜1877

幕末最大の策士・清河八郎

幕末、勤皇志士として異彩を放った清河八郎《きよかわはちろう》は、文政十三年（一八三〇）十月十日、出羽国田川郡庄内清川（現・山形県東田川郡庄内町清川）に生まれた。

にもかかわらず、姓にはあえて河をもちいた。

スケールの大きさを、表したかったのかもしれない。

家は庄内屈指の豪農であり、その財力によって郷士となったが、清河自身は学者を志していた。

十八歳のおりに、神田お玉ヶ池の東条一堂《とうじょういちどう》の塾に入門、儒学を学ぶ。その隣に北辰一刀流《ほくしんいっとうりゅう》の千葉周作《しゅうさく》の道場があったことが、あるいはその生涯を変えたといえるかもしれない。

――時勢は、幕末の沸点に近づきつつあった。

「これからは、懦弱《だじゃく》な人間ではだめだ。文武兼修でなくてはならぬ」

清河が剣の修行を始めたのは、一説には二十二歳のときであったという。

遅いスタートを克服しようと、彼は厳しい稽古を自らに課し、通常三、四年はかかる北辰一刀流の初目録を、わずか一年で許された。よほどの、天賦の才があったのだろう。

漢学を安積艮斎《あさかごんさい》について修めた清河は、ペリーの来航と相前後して幕府の学問所・昌平黌《しょうへいこう》に進み、やがて三河町に「経学《けいがく》・文章指南《しなん》」の看板を掲げた。安政六年（一八五九）には、お玉ヶ池に移って「書」と「剣」の指南もするようになる。

この間、全国を旅行し、見聞を広げた彼は、いつしか熱烈な攘夷論に傾倒する、憂世憂国の志士となっていた。

「幕府の政治では、この国は立ち行かない」

清河の恐るべきところは、幕府や藩といった、確固たる背景をもたないにもかかわらず〝討幕〟を考えた、その力量であったろう。

もっとも、その方法は極端なテロ行為における、攘夷の決行となった。

万延元年（一八六〇）十二月、駐日米国公使館の通弁官ヘンリー＝ヒュースケンを暗殺した嫌疑を受けている。ついで文久元年（一八六一）五月には、酔った勢いで一市井人《いちしせい》を無礼討ちにしたことから、幕吏に追われる身となった。

清河の他の尊攘志士と異なる点は、逃亡生活に疲れると一転して、前福井藩主・松平春嶽へ「急務三策」（攘夷・大赦・英才教育）を訴え出て、これが容れられると、次には幕閣に急接近し、増えつづける志士の対策として、「浪士組」の結成を進言する大胆さにあった。

国事犯が、幕府の助言者になったわけだ。むろん、前科はうやむやとなった。

十四代将軍・徳川家茂の、上洛警護を目的とする「浪士組」募集が、幕閣で正式に決定した。

清河は江戸中の剣術道場から腕に覚えのある隊士を募り、二百三十四名が京都へ出発する。

1830〜1863

文久三年二月二十三日、やっとの思いで京都に到着した「浪士組」ではあったが、引率してきた当の清河は、彼ら浪士全員を集めて、「実は、本心は尊皇攘夷だ」とぶちあげ、幕府を裏切って、にわかに朝廷方へ寝返ることを公言した。その旨を、朝廷にも建白している。

幕府は清河の大胆不敵な陰謀に驚きつつも、とりあえず彼と「浪士組」の大半を、江戸に戻すことに成功した（この中から、「新徴組」が誕生する）。このとき、京都へわずかに残留したのが、「壬生浪士組」、のちの「新撰組」となる。

清河は江戸へ帰府したものの、攘夷の志は変わらず、横浜外人居留地の焼き打ちを計画するが、四月十三日、江戸赤羽橋付近の路上で、幕府の命を受けた佐々木只三郎《ささきただざぶろう》（京都見廻組）によって斬殺される。享年三十四。

清河は、文武に秀《ひい》でた人物であった。

もしも、尊攘運動に身を投じることがなければ、おそらく学者として、多くの業績を後世に残したに違いない。その彼を死へと誘《いざな》ったものこそが、〝時勢〟そのものではなかったろうか。

〝時勢〟はときに、人智を超えるものらしい。

人間教育をおこなった吉田松陰

幕末・維新期、防長二州（周防と長門の二国）、現在の山口県から幾多の人材を輩出した。戦国乱世はともかく、徳川幕府の時代、三十六万九千余石の中クラスの大名領であったこの地域は、二百六十余年の大半をまるで冬眠でもしていたかのごとく、無為に過ごしてきたといっていい。

ところが幕末期になって、一人の青年が萩の郊外・松本村で近在の子弟を中心に、寺子屋に毛の生えた程度の私塾を開き、学問を教えるようになってから急変してしまった。

この私塾で学んだ子弟たちは、日本の行く末をわがことのように憂い、生命《いのち》を賭して幕政を批判し、ついには幕府を瓦解させて封建制度をつき崩し、新しい国家を想像する一翼を担った。

久坂玄瑞《くさかげんずい》・高杉晋作《たかすぎしんさく》・富永有隣《とみながゆうりん》（藩士・吉田松陰の代講者）・品川弥二郎《しながわやじろう》（第一次松方内閣で内務大臣）・山県有朋《やまがたありとも》（明治軍制の創設者・陸軍大将・内閣総理大臣）・山田顕義《やまだあきよし》（陸軍中将・枢密顧問官）・伊藤博文《いとうひろぶみ》（初代内閣総理大臣）らが、出身者として名を連ねている。

教師の名を吉田寅次郎《よしだとらじろう》といった。が、号の松陰《しょういん》のほうが著名であろう。

この松陰、文政十三年（一八三〇）八月四日に父を杉百合之助常道《ゆりのすけつねみち》、母を滝に、七人兄妹の二男として生まれた。父・百合之助は長州藩士ではあったが、家禄はわずか二十六石でしかなく、半農の生活であった。

1830〜1859

六歳のとき松陰は、叔父・吉田大助の養嗣子となって、山鹿《やまが》流兵学師範の将来を約束される身となるが、幼年期はいまひとりの叔父、玉木文之進の厳しい英才教育を受けて成長した。

世にいう「松下村塾」は、厳密には松陰の創設した塾ではなかった。叔父・玉木文之進によって、天保十三年（一八四二）に創設されている。それを後に松陰が継承した。松陰は塾だけでなく、文之進の教育方針そのものも引き継いだ。

江戸時代、学問の目的としたものは、「治国平天下」に尽きたといっていい。

「国を治め、天下を平らかにする」――この道理を身につけることこそが、学問であった。

文之進の教育は宗学の系統をひいてはいたが、陽明学的要素もつよく、わけても、農耕のかたわら教えられる学問であるため、つねに学問が社会や国家と深くかかわらねばならないことを、松陰はその出発点において叩きこまれたといえる。

――松陰は周りの多くの人々の期待に応えて、秀才の名をほしいままにした。

幼少の身で藩校「明倫館《めいりんかん》」に出仕し、十一歳のときには、藩主・毛利敬親《たかちか》の前で『武教全書』戦法篇を、講述するほどの力量を示している。

弘化四年（一八四七）、十八歳で林百非《ひゃくひ》から山鹿流軍学の免許皆伝を得て、翌年、師範として独立すると、嘉永二年（一八四九）には、御手当御用掛を命ぜられて海岸の巡見をし、また、門人を率いて羽賀台の演習に参加するなど、兵学者としての出世コースを着実に歩んでいた。このとき、松陰は二十歳。

翌年には、九州を巡遊。嘉永四年（一八五一）には兵学研究のため、藩主に従って江戸に出、安積艮斎・古賀茶渓《こがさけい》・山鹿素水・佐久間象山らに従学。剣を藩士・平岡弥三兵衛門の門下に学んでいる。江戸から東北へ歴遊し、亡命の罪を問われたのは、そのあとのこと。

結局、長州藩は松陰の遊学を認めている。

嘉永六年、藩主の特別のはからいで、再度の江戸留学が許された松陰は、ペリー来航によって沸きかえる江戸に足を踏み入れる。

ここで彼は、日本の植民地化の危機を痛感するとともに、西洋事情に精通することの不可欠を認識。その憂国の行為が、のちに松陰を囚人にすることになる。

「治国平天下」を実行するために、外国行きを決心した彼は、長崎に来泊中のロシア艦に身を投じようとして失敗。翌安政元年（一八五四）に再度、来航のアメリカ艦を訪れたものの、乗船を拒否され、その罪により江戸の獄に下され、のちに萩野山獄へ。

さらには、実家に幽閉されて、ここで「松下村塾」を主宰することになる。

玉木文之進の教育が、鋳型にはめこむような、形式から精神に入るといった建て前重視のスパルタ式であったのに比べ、松陰は一切の建て前や形式を捨てて、本音のみで門人たちに接した。

この松陰の本音の中には、人の師としていまだいたらぬ己れ自身を、素直に懺悔する潔さも含ま

1830～1859

れていたようである。教育が師と弟子――この上下関係でなされるといった、万国共通の伝統的不文律を、松陰はいとも簡単に捨て去り、門人に兄弟のつもりで共に学ぼうと語りかけた。

そのためばかりではないだろうが、束脩《そくしゅう》（月謝）は無料であった。近在の子弟に読み書きを教える塾として発足以来、「松下村塾」は文之進時代から授業料はとらなかったようである。

より深く、しかも、学問の体をとるのなら、費用は必要不可欠であるまいか。それを徴収しなかったというのは、どういうことなのか。教育が趣味であったともいえようが、観点を変えれば、「松下村塾」は学問の場というよりも、人生を語り合う道場の趣があったとも見做《みな》せよう。

塾生の多くが十代という「松下村塾」で、子弟たちは必ずしも松陰の学問の高邁さを、理解し得ていたとは思えない。なにしろ、松陰は初の九州遊学では、平戸で葉山左内や山鹿万介《まんすけ》について学び、翌嘉永四年の江戸留学では安積艮斎について儒学を、山鹿素水《そすい》には兵学を、佐久間象山には洋学を学ぶなどし、とくに、象山の西洋流砲術とその時代をみる見識は、松陰の思想家としての飛躍に、決定的な役割を果たしていたのである。

また、獄中にあった松陰の一年間に読破した書物は、優に五百冊を越えたといわれ、この間には、『講孟余話』を著わし、激しい尊皇論も展開している。

したがって、門弟たちはむしろ、松陰の人柄になついて集まってきたといってよいのではなかろうか。そうした門人たちを、松陰もまた選り好みをしなかった。

「松下村塾」の門下生の階層も、下級藩士の子弟が多く、なかには近辺の魚屋の子までくるといった寺小屋のごとき喧騒ぶりであったが、松陰はいっこうに気にした様子はない。

それればかりか彼は、これら門弟たちを、「同学」と呼んで親しみ、天下の一廉《ひとかど》の人物のごとく取り扱った。決して、ゴマをするというのではない。塾生たちの長所を見い出すことに情熱を傾け、当人の気づかぬ美点を的確に指摘した。

加えて、松陰の手にかかると、年端もいかぬ塾生たちが、まるで『三国志』や『水滸伝』に登場する英雄・豪傑にでもなったような錯覚をおぼえ、知らずしらずに感情が昂揚してくるのであった。おそらく、門人たちにすれば、カルチャーショックに近い感激であったろう。

たとえば、維新回天史上の秀才・高杉晋作である。彼はのちに奇兵隊を率いて、長州の藩論を討幕に向けた革命児だが、傍目には飲んだくれの暴れ者、放蕩児として厄介視されていた。

が、松陰は高杉の短所に目を向けることなく、

「君には政治・軍事の才がある」

といい、秀才の系譜としては松陰によく似た久坂玄瑞（禁門の変で戦死）と並び称えて評価した。

あるいは、佐世八十郎《させやそろう》といった平凡な少年に対しても、

「八十《やそ》は勇あり智あり、誠、実、人に過ぐ」

といって、実務家としては傑出している、との人物評を下し、

1830〜1859

「その才、実甫《じつぽ》（久坂）に及ばず、其議、暢夫《ようふ》（高杉）に及ばず」——すなわち、秀才でもなく、天才的決断力も乏しいというわけだが、そう言っておいて最後に今一度、激しい調子でほめたたえる。

「然れども、その人物の完全なる、二子（久坂と高杉）亦《また》、八十に及ばざること遠し」

人柄がよい、と言うのである。八十郎は明治史において、前原一誠《まえばらいっせい》として名を残した。参議、兵部大輔《たいゆう》として新政府の高官を極めながら、維新の理想を掲げ、故郷・山口に帰って〝萩の乱〟を起こした人物である。ついでに記すと、先の玉木文之進はこの乱の直後、自害して果てている。

ところで、松陰が「松下村塾」を主宰したのは、期間にしてわずか三ヵ年でしかなかった。しかも、前出の著名な塾出身者たちは、平均して、一ヵ年半ほどしか松陰に学んでいない。

——教育は、期間や学問の内容・深浅とは、あまり関わりのないもののようである。

安政五年、松陰は「愚論」「対策一道」などの献策・上書を提出し、日米修好通商条約を締結した幕府批判を展開するとともに、長州藩のとるべき態度を激しく論じた。

また、老中・間部詮勝《まなべあきかつ》を要撃する策などの、無謀ともいえる計画のため、門弟たちの多くが松陰の許を去っていった。この失意の中で松陰はふたたび、野山獄に投獄されるのである。

〝安政の大獄〟では、その強い影響力のために松陰は死罪を申し渡され、翌安政六年十月二十七日に処刑された。ときに、三十歳であった。

凄然たる宰相を演じきった大久保利通

明治の初頭、大久保利通《おおくぼとしみち》（一八三〇〜七八）は日本史上最強ともいえる「内務省」を創設した。〝有司専制《ゆうしせんせい》〟（自由民権派が藩閥政府の専制を非難して用いた語）の、いわゆる一部エリートによる独裁をもって、日本の国力を短時日に欧米列強に追いつかせるという夢を、実現させるべくプログラムを策定したのである。

なにぶんにも、内戦を経ながらの「富国強兵」と、有司専制による「殖産興業」——大久保は暗殺されるその日＝明治十一年（一八七八）五月十四日まで、この二つの実現に生命《いのち》を賭した人であった。その大久保について、次のようなエピソードが残されている。

内務省を創設して自ら内務卿となり、地方行政の掌握に当った大久保の死後、土佐藩出身の板垣《いたがき》退助《たいすけ》が、同様の内務大臣に就いたことがあった。

ところが、地方官会議が開かれるや会議場内は、板垣を揶揄《やゆ》し、あるいは罵声《ばせい》を浴びせるなどして、皆目、議事がすすめられなくなってしまった。

そのさまを見た内務官僚の一人が、思わず嘆きながら、

「大久保閣下のときは、こうではなかった」

と呟くと、周囲の者も「そうだった、そうだった」と声を揃えて頷《うなず》き合ったという。

1830〜1878

大久保が内務卿の時代は、いまだ幕末動乱の殺伐とした風が抜けず、知事、県令《けんれい》は、板垣の時代とは比較にならぬ強者揃《つわものぞろ》いであった。にもかかわらず、大久保が地方官会議場に入ると、一斉に私語は止み、内務卿を揶揄《やゆ》するどころか、その眼光を避けるべく、多くの強者たちは俯《うつむ》いた。

——同じような挿話は、幾つもある。

かの西郷隆盛麾下《きか》の猛将・桐野利秋《きりのとしあき》や篠原国幹《しのはらくにもと》など、薩摩隼人の典型のような男たちは、いずれも幕末期を血刀を振りかざして生き残った荒くれ共であったが、それでも大久保にだけは、特別な接し方を余儀なくされた。

何事かを抗弁するにも素面《しらふ》ではできず、そのため酒をひっかけてから乗り込んだものの、

「——なんじゃっちい」

ぐっと顔を寄せられると、たちまち二の句がつなげなくなり、酒の酔いも一度に醒めてしまったというのである。大久保が武道の達人であったとの記録はない。また、勉学が群を抜いていたという、確かな史料も見当たらなかった。

それでいて、この〝凄然《せいぜん》〟さの源は何に由来するのであろうか。

「過ぎたるは、及ばざるに勝れり」

この一代の政治家は、平生からそういいつつ、何事にも熟慮を欠かさず、決して軽はずみな応対はしなかった。人材を抜擢するにしても、相手の長所と短所をはかり、上司と部下のバランスに配

慮した。なお、性格的に合うや否やまで考え、各々のポストにつけている。そして、ひとたび決した事項は、何が起ころうとやり抜き、途中で諦めることをしなかった。

「大久保の内諾《ないだく》」

という言葉があった。彼が首を縦に振れば、もはや本決定されたに等しい、との意である。

確かに大久保には、己れの生命《いのち》を賭した政治に対する信念が、全身にただよっていたといっていい。それゆえに大久保の言動は、以心伝心、周囲の人々を従わさずにはおかなかったのであろう。

大久保が暗殺された翌年、留学先から帰国した内務官僚が、内務省の入口に立って驚いた。

大久保が執務していたころ、省庁は神聖なムードで静まり返り、「ただ、内務卿の靴音だけが省内に響いた」という伝説が生まれたほど、人々は息を殺して大久保の言動を見守っていたのだが、大久保の死後、伊藤博文が内務卿になると、省内はたちまち騒がしく、品のないものになってしまったというのだ。

それもそのはずで、内務卿の執務室へ帰朝報告に出向くと、そこでは伊藤が井上馨《かおる》を相手に、昨夜遊んだ芸者のことを、声高に話しているではないか。

「ああ明治は誤れり」

帰国した官僚は、しみじみと大久保を懐かしく思ったという。

1830～1878

逃げ延びて薩長連合成立に貢献した木戸孝允（桂小五郎）

明治政府にあって、長州藩を代表した元勲・木戸孝允《きどたかよし》＝前名・桂小五郎《かつらこごろう》は、後世、文豪である大仏次郎《おさらぎじろう》の名作大衆小説『鞍馬天狗』のおかげで、ひどく得をしていた。

勤皇志士である「天狗」の親友として、桂はつねに正義の志士の、代表格として作品では描かれていたからだ。

事実、桂は幕末日本にあって、屈指の剣術道場、神道無念流の「練兵館」――江戸〝三大道場〟の一つに数えられる――道場の、塾頭までつとめた剣の腕前をもちながら、生涯一度も、人を斬ったことがなかったという。

危機に直面すると、この男は迷わずに逃げ、変幻自在に身をかわした。逃げ延びる、生き残ることがまるで天性の才であったように。

天保四年（一八三三）六月二十六日、桂は三十六万九千余石の長州藩にあって、藩医・和田昌景《まさかげ》の子として、父五十四歳のおりに生まれている。八歳のおりに隣家の桂家（百五十石）へ養子入りしている。

養父の孝古《たかふる》がすぐに亡くなったこともあって、彼は実家の経済力にも支えられ、比較的自由な家庭環境の中で幼少期をすごしたといえそうだ。

藩の中流藩士の子として、当時としては富裕な生活を送っていた桂は、藩校の「明倫館」に学んでも、特段、学才を謳われるようなことはなかった。剣の腕も、この頃は大したものではなかったようだ。

その桂の人生が、大きく〝動く〟のは、十七歳のおり。吉田松陰の講義を聞いたことが、のちに長州藩内で彼が重きをなすことにつながっていく。

二十一歳で江戸の「練兵館」の塾頭となった同じ年、ペリーが黒船四隻を率いて、突如として浦賀へ来航した。嘉永七年（一八五四）三月の日米和親条約につづく、安政五年（一八五八）六月の日米修好通商条約の締結。大老・井伊直弼《なおすけ》の〝安政の大獄〟は、桂の師ともいうべき松陰を処刑することにつながった。

長州藩は一藩狂躁《きょうそう》したようになり、尊皇攘夷をかかげて幕府と対立する。

一時期、京都の朝廷にあって、惑星のように出現した長州藩は、世界の情勢に疎《うと》い公家たちを抱き込み、幕府を追いつめたが、文久三年（一八六三）八月十八日の政変、それにつづく元治元年（一八六四）六月の池田屋騒動で、逆に幕府に追いつめられることになる。

池田屋騒動では、定刻前に池田屋に現われた桂は、人の集まりが悪いので、改めて出直したため、九死に一生、剣難を逃れることができた、ともいう。

いよいよ後のない長州藩は、一ヵ月後に、藩士及び勤皇志士たちの武装上洛を決行。だが、薩摩

1833〜1877

藩と会津藩を主力とする諸藩の軍勢に完敗してしまう。世にいう、〝禁門の変〟であった

桂はこのときも逃げ延び、遠く但馬《たじま》国（現・兵庫県）出石《いずし》まで逃亡した。

幕府の第一次長州征伐、四ヵ国連合艦隊の馬関（下関）攻撃――亡国に近づいた長州にあって、松陰の松下村塾の高弟でもあった高杉晋作が決起、藩はやがて急進派へと政権が移り、そうした動きを見定めたうえで、桂は忽然とその姿を国許へ現わした。

慶応二年（一八六六）正月十日、長州藩を代表する彼は、京都の薩摩藩邸に入り、小松帯刀・西郷隆盛・大久保利通らと会見。仲介役の坂本龍馬の到着後、ついに薩長連合を成立させる。

このとき、桂は三十四歳であった。

この秘密同盟を原動力に、〝回天〟の偉業は成り、明治政府が誕生したが、最大級の貢献者である桂改め木戸孝允の寿命は、このあと十年ほどでしかなかった。明治十年（一八七七）五月二十六日、西南戦争の帰趨《きすう》を心配しつつ、彼は四十五歳の生涯を閉じた。

死の直前、重態の中で木戸は叫んだという。

「西郷、たいていにせんか」

志士の経歴が、西郷隆盛と並んで最も長かった木戸は、生き延びたものの心身ともに、すでに疲労困憊していたのであった。

〝学問〟でのみ、時代に刻まれた福沢諭吉　①門閥は親の仇

明治日本において、言論界のオピニオンリーダーとなった福沢諭吉は、
「独立とは自分にて自分の身を支配し、他に依《よ》りすがる心なきを云《い》ふ」（『学問のすゝめ』）と主張した。

幕末動乱の時代、それでも、士農工商の身分制度は生きていた。にもかかわらず、こうした現実の中で、
「個人の独立があってこそ、国家の独立もあるのだ」
との論を展開できたのが福沢である。そもそも、どのような人物であったのだろうか。

彼は個人の〝独立〟の中身に、「自由」と「平等」をおいたが、その主張を可能にするための方法として〝学問〟の必要性を説いた。

それはとりもなおさず、福沢自身の生き方を反映したものでもあった。

天保五年（一八三四）十二月十二日、福沢は豊前（現・福岡県東部と大分県北部）中津藩奥平家の、大坂蔵屋敷で生まれている。

父の百助は帆足万里《ほあしばんり》（江戸時代後期の儒学者・〝豊後三賢〟の一人）に学び、才能のある人であったが、十三石二人扶持の軽格の士で、身分が軽すぎたために大成することができなかった。

1834〜1901

福沢が生まれてほどなく、この世を去っている。

三歳で父を失った福沢は、もとより父の記憶をもたない。

だが、成人してのち、母から生前の父の話を聞かされる。五人目の子供に生まれた福沢は、十、十一になれば寺にやって坊主にしよう、と父は考えていたというのだ。なぜか。


私が成年の後《のち》その父の言葉を推察するに、中津は封建制度でチャント物を箱の中に詰めたように秩序が立っていて、何百年経《た》っても一寸《ちょい》とも動かぬという有様、家老の家に生まれた者は家老になり、足軽の家に生まれた者は足軽になり、（中略）何年経っても一寸《ちょい》とも変化というものがない。ソコデ私の父の身になって考えてみれば、到底どんなことをしたって名を成すことは出来ない、世間を見れば茲《ここ》に坊主というものが一つある、何でもない魚屋の息子が大僧正になったというような者が幾人《いくら》もある話、それゆえに父が私を坊主にすると言ったのは、その意味であろうと推察したことは間違いなかろう。（中略）私は毎度このことを思い出し、封建の門閥《もんばつ》制度を憤《いきどお》ると共に、亡父の心事を察して独《ひと》り泣くことがあります。（福沢諭吉著『福翁自伝《ふくおうじでん》』）

そういって福沢は世に有名なセリフをはく。

「私のために門閥制度は親の敵で御座る」（同右）

その生涯を貫くバックボーン＝身分制の打破が、ここに発芽していた。

父を失った福沢は、中津（現・大分県中津市）に引き揚げ、下駄造りや畳の表替え、屋根の修理など、生活のための手間仕事に精を出した。

もし、福沢が学問への道を歩まなければ、個人の独立も何もあったものではなかったろう。

恐らく、手先の器用な貧乏士族として、無名のまま、幕末・明治の時代を生きたに違いない。

福沢は常に、なんとか貧乏な現状から抜け出したい、とそればかりを考えていた。

彼にとって学問は、その手段であったといえるのかもしれない。
十四、五歳で白石照山《しらいししょうざん》のもとへ入門し、漢書を学んだのを皮切りに、その学問の領域は広がっていく。加えて幸運にも、時期を同じくしてペリーが来航した。ここに、幕末動乱の幕が開かれる。
各藩は国防＝海防のために、対応策として洋式軍事の技術導入、教練を余儀なくされたが、中津藩でも状況は同じで、福沢の長兄・三之助も藩命を帯びて安政元年（一八五四）、長崎へ旅立っている。

福沢はこれに同行すると、オランダ通詞（通訳）や蘭方医の許へ、足繁く通ってオランダ語を学ぶ。

翌安政二年、福沢は当時、日本一とうたわれた蘭学者・緒方洪庵の主催する、大坂の「適塾」（適々斎塾）に入門。ここで懸命の、苦学することになる。二十二歳であった。

途中、大坂詰めの兄がリウマチを患い、付き添って一度帰藩しているが、再び藩の許可を得て、適塾の住み込み書生となった。

1834〜1901

この間、長兄が亡くなり、福沢は当主となっている。

適塾は蛮カラ書生の集りで、大いに酒は飲む、乱暴狼籍が絶えなかったが、半面、この時期、この塾に集った人々ほど、真剣に勉強した集団もなかったろう。

なにしろ、福沢などは枕をして寝たことがなかった。学問に夢中になり、昼夜の別なく打ち込む。そのうちに〝草臥《くたび》れ〟て眠くなると、机の上に「突っ臥《ぷ》して眠る」だけで、布団《ふとん》を敷いて枕を当てて、ふつうに寝ることはなかったという。

「実にこの上に為《し》ようはないというほどに勉強していました」（同右）

のちに、福沢自身がいささか呆れたように回想している。

ちなみに、当時の福沢の一日のローテーションは、彼の言を借りれば次のようであった。

――夕方食事の時分に、もし酒があれば酒を飲んで初更《ヨイ》に寝る。一寝《ひとね》して目が覚めるというのが、今で言えば十時か十時過ぎ。それからヒョイと起きて書を読む。夜明けまで書を読んでいて、台所の方で塾の飯炊《めしたき》がコト〳〵飯を焚《た》く仕度をする音が聞えると、それを合図にまた寝る。寝て丁度飯の出来上がったころ起きて、そのまま湯屋に行って朝湯に這入《はい》って、それから塾に帰って朝食を給《た》べてまた書を読むというのが、大抵緒方の塾に居る間ほとんど常極《じょうきま》りであった。（同右）

一方でこの「適塾」の、能力主義、学力主義には凄まじいものがあった。

住み込みの塾生に与えられるのは、一人畳一枚。実力によって、場所を変える仕組みになっていた。塾生の部屋は二階であったため、階段を降りねば用足しも、外出もできない。当然、階段近くの畳は、他人に踏まれ、足蹴《あしげ》にされることも多く、環境は最悪の場所であった。

逆に、最も快適なのは端の壁際、床の間付近であったが、適塾ではこれらの場所を公平に、学業成績の良否で決めた。今日の試験とは多少趣きが相違するものの、塾生が集まって翻訳、解釈をたたかわせる。その善し悪しを審判して、

「白玉」

「黒玉」

をつけ、その成果によって畳の場所が決定した。

無論、勉強だけが楽しみという福沢は、この厳しい競争を勝ち抜き、ついに二十四歳で塾頭にまでなっている。

塾頭となった福沢諭吉は、その後ほどなく江戸に出た。

1834〜1901

学問でのみ、時代に刻まれた福沢諭吉　②言論・教育界の大御所へ

当時の「適塾」の水準《レベル》は、きわめて高かった。それゆえ福沢なども、相当な自負心を持っていたようだ。

「大坂の書生（適塾出身者）は修業するために江戸へ行くのではない、行けば教えに行くのだ」（福沢諭吉著『福翁自伝』）

事実、江戸築地の鉄砲洲にあった、中津藩邸に旅装を解いた福沢は、ここで蘭学を教えている。自負心の強い彼は、江戸にあって、まさに天にも昇らんばかりの勢いであったろう。

ところが翌年、横浜にあった外国人居留地へ出掛けたところ、得意の蘭語（オランダ語）で外国人に話しかけたものの、さっぱり通じない。

此方《こっち》の言うこともわからなければ、彼方《あっち》の言うことも勿論《もちろん》わからない。店の看板も読めなければ、ビンの貼紙もわからぬ。何を見ても私の知っている文字というものはない。英語だか仏語だか一向わからない。（中略）横浜から帰って、私は足の疲れではない、実に落胆してしまった。これはくどうも仕方がない、今まで数年の間、死物狂《しにものぐる》いになってオランダの書を読むことを勉強した、その勉強したものが、今は何《なん》にもならない。商売人の看板を見ても読むことが出来ない、さりとは誠に

詰らぬことをしたわいと、実に落胆してしまった。（同右）

一度に自信を喪失してしまった福沢ではあったが、ほどなく、時代がすでに蘭語を中心としておらず、英語の時世へと移っていることを知る。

学問＝技術＝スペシャリストとして生きる福沢は、一念発起して、一から英語を学ぶ決意をした。しかし、教えてくれる人がさすがにいない。長崎通詞の森山《もりやま》多《た》吉郎《きちろう》という人が英語ができる、と聞き、急ぎ入門を試みたものの、早朝も夜も、多忙でとても教授を受けられるような状況ではなかった。二、三ヵ月で断念。次には幕府の蕃書調所への入門を計画、みごと入れたものの、辞書一つ持ち出せないと知り、たった一日でやめてしまった。

しかたがない、と腹をくくった福沢は、ホルトロップの英蘭対訳発音付の辞書を手に入れ、自習を実行。さすがは、「適塾」塾頭――間もなく独力で、これをマスターした。

途中、同学の友を求め、「適塾」仲間の村田蔵六（のちの大村益次郎）のもとを訪ねたこともあったが、蔵六は英語は不必要だといい切った。

「無益なことをするな。僕はそんな物は読まぬ。要《い》らざることだ。何もそんな困難な英書を、辛苦して読むがものはないじゃないか。必要な書は皆オランダ人が翻訳するから、その翻訳書を読めばソレで沢山じゃないか」（同右）

1834～1901

このあたり、スペシャリストとしての福沢とジェネラル志向の大村との差異、といえそうだ。

いずれが正しいということではなく、こうした中で、万延元年（一八六〇）、日本人初のアメリカ派遣使節団の話が伝えられた。

「なんとしてもアメリカへ行きたい」

スペシャリストを目指す福沢には、直感するものがあった。

幸い英語の習得も順調に進んでいる。行けば、将来の何かが開ける、との思いが日々、強くなった。ただし、渡米は日米修好通商条約批准のための、ワシントン入りが目的であり、もとより幕臣でもなく、諸藩＝中津藩の、しかも身分の低い福沢に、乗船できる資格など与えられるはずもなかった。だが、ここが運命の分かれ道になる、と福沢は思った。

技術で世を渡っていくためには、その最先端をいかねばならない。でなければ、一流のスペシャリストとしては通用しない。

福沢は、かつて「適塾」へ入門したおりと同様に、四方八方に手を回し、人づてを頼り、それこそ藁《わら》にもすがる思いで、正使・新見《しんみ》豊前守《ぶぜんのかみ》正興《まさおき》の乗る米艦「ポーハタン号」ではなく、僚艦の幕府軍艦「咸臨丸」で、提督《アドミラル》をつとめる木村《きむら》摂津守《せっつのかみ》喜毅《よしたけ》の、私的従者＝下僕の資格で乗船の許可を得る。

「咸臨丸」は使節警護を名目に、安政二年（一八五五）以来、オランダの指導のもと、育成してきた幕府の海軍が、どの程度進歩したものか、その成果を問うべく、随行させたものであった。

余談ながら、この時、「咸臨丸」の艦長《キャプテン》を拝命したのが勝義邦＝海舟である。海舟もまた、海軍のスペシャリストを志向し、渡米に己れの未来を賭けていた。

航海は天候に恵まれず、さんざんであったようだ。

ようやくハワイ、サンフランシスコに到着した一行だったが、アメリカ滞在中に福沢は、カルチャーショックを受けつづけた。

生活様式の違いも大きかったが、何より彼を驚嘆させたのは、アメリカ合衆国の初代大統領ジョージ＝ワシントンの子孫は、今どうしているか、と尋ねた挿話であろう。

誰も、それを知らなかった。

これは不思議だ。勿論《もちろん》私もアメリカは共和国、大統領は四年交代ということは百も承知のことながら、ワシントンの子孫といえば大変な者に違いないと思うたのは、此方《こっち》の脳中には、源頼朝、徳川家康というような考えがあって、ソレから割出して聞いたところが、今の通りの答《こたえ》に驚いて、これは不思議と思うたことは今でも能《よ》く覚えている。（同右）

――福沢は、大いなる感慨を抱いた。

「天は人の上に人をつくらず、人の下に人をつくらず」

1834～1901

彼の名言が実感されたのは、おそらくこの時であったろう。

福沢は写真館の娘と一緒に写真を撮り、ウェブスターの辞書を購入して日本へ戻った。万延元年（一八六〇）五月六日の浦賀帰港である。

この渡米が、それからの福沢を決定づけた。帰国後、その洋学の才を買われ、幕府外国方の翻訳官に取り立てられた彼は、元治元年（一八六四）には幕臣に出世している。

もっとも、スペシャリストとしての福沢のおもしろさは、己れが旗本になっても、それは身分が上昇したとは考えず、技術のみを評価され、技術が買われたのだ、と実に割り切った自己認識を持っていた点であろう。

文久元年（一八六一）に同じ中津藩の江戸定府の娘・錦（十七歳）と結婚した彼（二十八歳）は、幕府の語学技術者＝幕臣に徹して、さらなる公務――遣欧使節の一員として、翌年、正月に長崎を出発する。

インド洋を経て紅海をめぐり、スエズから鉄路エジプトのカイロにいたり、地中海を渡ってマルセイユへ。フランス、イギリス、オランダ、スペイン、ドイツ、ロシア、ポルトガルを歴訪し、先進国の実情に自ら接して、その制度を調査し、一行は十二月に帰朝した。

福沢にとって予想外であったのは、帰国した翌年六月に、恩師の緒方洪庵が急死したことであったろう。まさに、青天の霹靂《へきれき》であったといってよい。

その前から江戸に出て来て下谷に居た緒方先生が、急病で大層吐血したという急使《きゅうつかい》に、私（福沢）は実は肝《きも》を潰した。その二、三日前に先生の所へ行ってチャント様子を知っているのに、急病とは何事であろうと、取るものも取り敢えず即刻宅《ウチ》を駈け出して、その時分には人力車も何もありはしないから、新銭座から下谷まで駈け詰めで緒方の内に飛び込んだところが、もう締切《ことき》れてしまったあと。これはマア如何《どう》したら宜《よろし》かろうかと、丸で夢を見たような訳《わ》け。（『同右』）

自らを一人前に育ててくれた師を失い、失意の福沢はその一方で、活発な攘夷論のため、身辺に危険を感じて夜間外出を自粛し、籠《こも》って学問をつづけねばならなかった。

しかし、そこはスペシャリストである。ただ読書三昧の生活をしていたわけではない。慶応二年（一八六六）六月には、『西洋事情』（初版）を脱稿し、初冬に刊行。当時の日本人に多大な感化を与えるベストセラーとしている。

だが、その身辺は常に危《あや》うかった。

「兎《と》にも角《かく》にも日本国中攘夷の真盛《まっさか》りでどうにも手の着けようがない」（同右）

という有様。洋学者は挙《こぞ》って、テロリストたちの標的にされていた。

1834〜1901

いよ〳〵洋学者の身が甚だ危《あやう》くなって来て油断がならぬ。さればとて、自分の思うところ、為《な》す仕事はやめられるものじゃない。それから私は構わない、構おうといったところが構われもせず、やめようといったところがやめられる訳けでない、マア〳〵言動《げんどう》挙動を柔らかにして決して人に逆らわないように、社会の利害というようなことはまず気の知れない人には言わないようにして、慎《つつし》めるだけ自分の身を慎んで、ソレと同時に私はもっぱら著書翻訳のことを始めた。（同右）

そうこうするうちに、「大政奉還」がおこなわれ、幕府は一大名家の徳川家となった。

「潮時かもしれぬな」

福沢は潔く、〝御暇《おいとま》願い〟（退職届）を出し、幕臣を自ら辞《や》めて、中津藩に対しても本来、忠誠心はない。そのわずかばかりの禄もうけず、私塾「慶応義塾」を開設、その運営にあたった。

慶応三年から四年にかけて塾生は、各々の事情で散じ、義塾には十八名が残っていたという。

新銭座の塾は幸いに兵火のために焼けもせず、教場もどうやらこうやら整理したが、世間はなか〳〵喧《やかま》しい。明治元年（慶応四年＝一八六八）の五月、上野に大戦争が始まって、その前後は江戸市中の芝居も寄席《よせ》も見世物も料理茶屋も皆休んでしまって、八百八町は真の闇、何が何やらわからないほどの混乱なれども、私はその戦争の日も塾の課業を罷《や》めない。上野ではどん〳〵鉄砲を打っている、けれども上野と新銭座とは二里も離れていて、鉄砲玉の飛んで来る気遣《きづかい》はないというので、丁度あのとき私は英書で経済《エコノミー》の講釈をしていました。（同右）

鉄砲洲から芝新銭座に転居した「慶応義塾」は、さらに明治四年（一八七一）に三田山上へ移る。この間、再三、新政府からは出仕の命がくだるが、福沢は固辞しつづけ、教育者こそが己れの天職と、このスペシャリストは悟ったようだ。ついに、これを受けなかった。

後進の指導にあたる半面、福沢は国民の啓蒙活動に、懸命の努力をはらい、次々と著作を発表していく。

なかでも明治五年二月に刊行された『学問のすゝめ』（初編）は、絶大なる国民の支持を受けた。二年後の十一月に二編、十二月に三編が出た（最終の十七編は、同九年十一月の刊行）。雑誌・新聞も相次いで刊行し、福沢は文明開化日本の、言論界の象徴となる。

明治十一年十二月、東京府会議員に選出され、翌年一月に東京学士会院が設立されると、その初代会長に選任された。

順風満帆にみえる福沢だが、すべてが彼の満足する通りには運ばなかった。

最初のつまずきは、明治十二年の慶応義塾廃塾の決意であろう。義塾の維持が次第に困難となり、やめる決意をした福沢だが、小幡篤次郎以下の打開策協議の結果、どうにかこの難問はとりあえず

1834〜1901

解決された。

ところが翌年、いわゆる〝政変〟が起こる。大隈重信と親しかったことから、政府転覆の陰謀に福沢も荷担したと見做《みな》され、苦境へ。

それでも彼は屈せず、独力で「時事新報」を創刊した。このとき、福沢は四十九歳。

その後、彼は少しずつ自ら先頭に立つことをやめ、むしろ後進の背中を押す役まわりを演じるようになる。

慶応義塾は学事改革が断行され、小泉信吉《こいずみのぶきち》が総長となった。明治二十三年には大学部も設置され、文学・法律・理財の三科が置かれる。

六十歳のとき、福沢の銅像が造られ、その開披式が同年十月におこなわれた。

明治三十二年二月に『福翁自伝』が脱稿。しかし、この前年の九月に脳溢血症を発した福沢は、三年後の明治三十四年二月三日、この世を去った。享年六十八。

その偉業は、言論・教育界にその後も多大な影響を与えて、今日にいたっている。

討幕への一大推進力となった高杉晋作

1839〜1867

天保十年（一八三九）八月二十八日、長州藩の城下町・萩に生まれた高杉晋作《たかすぎしんさく》は、下級士族出身者の多い幕末志士の中では、珍しい上士の家の生まれであった。

父は大組《おおぐみ》（長州における中堅格の家臣）で禄高二百石取り。その跡取り息子に生まれた晋作は、幼年期、小柄で体力にも恵まれず、それでいて気だけは強い、といった子供であったようだ。

十四歳で藩校「明倫館《めいりんかん》」に学んだものの、学問はそっちのけで剣術に打ち込んでいる。

もしも、晋作が吉田松陰に出会わなければ、おそらく後世に名をとどめるほどの人物にはなれなかったに違いない。

十九歳で松陰の松下村塾に入門した彼は、師の強烈な個性に触れ、学問の目的が知識の吸収や出世の手段ではなく、天下国家を救うためのものであり、時代とかかわりのない学問は意味がない、ということを学び、悟る。

やがて晋作は、師の松陰を幕府の処刑で失い、攘夷行動派の人となった。

文久二年（一八六二）に上海《シャンハイ》を訪れた彼は、欧米列強の租界《そかい》を知り、中国の土地でありながら、欧米人が主人顔をして振舞うあり様に慄然《りつぜん》となる。

やがて、藩をあげて攘夷を決行した長州は、列強四ヵ国から攻められ、その過程で、藩の正規軍がほとんど役に立たないことが露見《ろけん》した。

文久三年（一八六三）六月、庶民でも戦う勇気のある者を集めた「奇兵隊」が誕生する（のち、諸隊も続々と創設）。

晋作は四ヵ国連合軍との講和交渉に、藩を代表して臨み、賠償金は幕府へ振り、イギリスの彦島《ひこしま》租借《そしゃく》をも勇弁をふるって阻止した。だが、藩の実権は保守派＝俗論党に握られ、彼は生命《いのち》からがら亡命生活を余儀なくされる。

このまま、晋作が形勢を観望しつづけていたならば、おそらく明治維新は五年や十年は遅れたに相違ない。

元治元年（一八六四）十二月十五日、「動けば雷電の如く、発すれば風雨の如し」と、のちに後輩・伊藤博文が碑文に書いた、晋作の武装決起が始まった。

馬関（下関）奉行所の襲撃にはじまり、三田尻海軍局を奇襲。経済的な拠点を押え、藩都・萩に迫り、藩の正規軍との決戦のすえに、藩庁を占拠することに成功した。

一面、風流を好む遊蕩児《ゆうとうじ》でもあった彼は、

〽三千世界の烏《からす》を殺し
　主《ぬし》と朝寝がしてみたい

即興の端唄《はうた》を口ずさみながら、逃避行をしたとの挿話も残っている。

その後、第二次長州征伐が起きるや、晋作は颯爽と海軍総督に復帰。夜襲でみごと、幕府艦隊を敗っている。

しかし、無理と放蕩がたたった彼は、病床に伏すことが多くなり、慶応三年（一八六七）四月十四日、同志や愛妾おうのに看取られながら、密かに息をひきとった。大政奉還の半年前、二十九年の波乱に富んだ、短い生涯であった。

高杉晋作は西郷隆盛や木戸孝允のような、回天の実際には携わらなかったが、歴史の転換期を、一段階進ませた功労者という点で、幕末維新史が持ちえた英傑の一人であったことに、間違いはない。

1839〜1867

桂小五郎（木戸孝允）の妻となった芸妓幾松

幕末、生命を懸けて国事に奔走する志士と京都の芸妓の恋――殺伐とした時代に、ほのかに彩りを添えた組み合わせに、長州藩士・桂小五郎（のちの木戸孝允）と三本木（現・京都市上京区三本木通）の美人芸者、幾松《いくまつ》の恋の物語があった。

京都は鴨川に架かる三条大橋の袂《たもと》、人影も絶えた深夜、無政府状態に等しい戒厳令の敷かれた中を、幾松は決死の覚悟で、恋する桂のもとへ握り飯を運ぶ。

橋の下には、乞食《こつじき》に身を窶《やつ》した桂が潜《ひそ》んでおり、幾松の持参する握り飯でようやく、生命《いのち》を存《なが》えるといった名場面――桂は育ちもよく、二枚目で優等生でもあった。ときに、三十二歳。幾松は二十二歳である。のちに結婚して、松子と称した。

師の吉田松陰に、学問をする目的は、知識の吸引や出世の手段ではなく、天下国家を救うためだ、と学んだ桂は、時代と関わりのない学問は意味がない、との師の説に同調。

二十歳で江戸へ剣術修行に出た彼は、「練兵館」の塾頭となった同じ年、ペリーが黒船四隻を率いて浦賀へ来航した。幕末の本格的な幕開けである。

日米和親条約につづく、日米修好通商条約の締結。大老井伊直弼の〝安政の大獄〟は、桂の師・松陰を処刑するにいたった。

このこともあり、長州藩は一藩狂躁《きょうそう》したようになって、尊皇攘夷をかかげて幕府と対立する。一時期、京都の朝廷に〝惑星〟のように出現した長州勢力は、政治に無知な公家たちを抱き込み、〝攘夷〟を盾に幕府を追いつめたが、状勢は文久三年（一八六三）八月の薩摩藩と会津藩の組んだクーデター、八・一八によって逆転され、それにつづく元治元年（一八六四）六月の池田屋騒動で、逆に存亡の危機を迎えてしまう。

池田屋騒動では、京都守護職（会津藩）お預かりの新撰組が大活躍。京洛を火の海として、その混乱に乗じて幕府の要人を暗殺、討幕を一気に決行しようとした、長州系の尊皇攘夷の過激派志士を、会合の場であった池田屋に奇襲して、志士七人を斬り、二十三名を捕縛《ほばく》した。

本来ならこの人数に入っているべき桂は、池田屋に「五ツ時初夜」＝午後八時頃に一度、現れたものの、人の集まりがまだ悪く、出直すつもりで近くの対馬藩邸へ出かけて、この剣難を逃れることができたという。

これは『木戸孝允自叙』のいい分であるが、はて、どうであろう。定刻が午後八時であったとすれば、同志の集まりが悪い——ほとんど来ていなかった——との桂のいい訳はおかしなことになる。同志が遅れていたとしても、会合は予定通りにはじめられるべきであり、もし、遅参者を待つのであれば、席を外《はず》してしまっては、益々《ますます》集まりが悪くなってしまう。

新撰組が独自に御用改めを開始したのは、午後七時である。桂ほど慎重な人間が、この動き——

1843～1886

街の雰囲気も含め――をまったく感じとっていなかった、とは考えにくい。

桂は池田屋から対馬《つしま》藩邸（別邸）へ回ったというが、同じ彼の『木戸孝允言行録』では、池田屋からさほど遠くない木屋町辺りの、知り合いの老婆の家で、一服しながら同志の集合を待った、と述懐している。当夜の御用改めの結果をまとめた資料である「浮浪之徒《のと》探索手扣《ひかえ》」（『莠草年録』所収）には、桂とおぼしき人物が、四国屋にほど近い三条木屋町にいたことが確認されていた。

おそらく、後者の回想の方が正しかったのではあるまいか。そうなると桂は、最初から池田屋に列するつもりがなかった、との解釈が生まれてしまう。

何事か、不穏《ふおん》な空気をさっして、少しはなれた別な場所で、桂は決議の結果を待つつもりでいたのではないか。〝虎穴〟には決して近づかなかった、この人物らしい周到さ、深慮遠謀を感じるのだが、読者諸氏はいかがであろうか。

いずれにせよ、桂は危機から逃《のが》れたが、多くの長州系尊攘過激派の浪士は討たれてしまった。

長州藩の怒りは激しく、一ヵ月後には禁門の変が勃発する。武装上洛を決行した長州藩及び長州系勤皇志士たちは、薩摩藩と会津藩を主力とする諸藩の軍勢に敗れ、松下村塾随一といわれた久坂《くさか》玄瑞《げんずい》も、このとき、壮絶な最期を遂げていた。

ときに桂は、京都留守役の地位にあったが、口実をもうけて、この戦闘にも参加していない。幾松に握り飯を運んでもらったのは、この敗戦の直後のことであった。

桂は己れの使命を、戦闘ではなく、その後の外交工作においていたようだ。彼は長州藩御用商人の今井太郎右衛門《いまいたろうえもん》を通じて幾松と連絡をとりあい、束の間の逢瀬＝その握り飯で飢えをしのぎつつ、京洛の情報収集にあたると、五日後、忽然《こつぜん》と姿を消した。対馬藩邸出入りの商人・広戸甚助《ひろとじんすけ》に手引きしてもらい、遠く対馬国出石《いずし》まで桂は逃げていた。

蛇足ながら、幾松の身もあやうくなり、彼女も対馬へ一時、身を隠している。それにしても、女の身で幾松の半生は生命《いのち》懸《が》けの連続であった。

――そもそも、出生からして彼女は、謎めいていた。

いくつかの説があったが、最も有力なものの一つに、若狭（現・福井県）小浜藩士・木崎市兵衛《きざきいちべえ》の娘というのがある。この人物は藩の奉行所に書記として勤めていたというが、藩を出奔。その前後――天保十四年（一八四三）に幾松――一説にかず――は生まれ、養女として出されたものの、養父の借金から舞妓、芸妓になったという。

幾松も美形であり、桂とはともに一目惚れであったようだ。が、この恋愛が生命《いのち》を賭けたものになろうとは、さしもの幾松も自覚はしていなかったであろう。

長州藩受難の時代＝二人の別々な潜伏生活が、しばらくつづいた。

幕府の第一次長州征伐、四ヵ国連合艦隊の馬関（下関）砲撃。松下村塾の同門でもある高杉晋作の決起により、長州藩はやがて保守派から急進派へと政権が移り、そうした動きを見定めた桂は、

1843〜1886

生死不明（六ヵ月）の中、忽然とその姿を国許に現わした。

そして慶応二年（一八六六）正月十日、いつしか長州藩の中枢に復帰していた桂は、藩を代表する立場で京都の薩摩藩邸に入り、西郷、大久保らと会見。仲介役の坂本龍馬の到着後、ついに薩長連合を成立させる。ときに、桂は三十四歳であった。

この秘密同盟を原動力に、〝回天〟の偉業は成り、明治の新政府は誕生したが、最大級の功労者である桂小五郎改め木戸孝允（変名は他にもあるが、ここでは省略）はその活躍を大いに期待されながら、この後、十年ほどしか生きなかった。

明治十年（一八七七）一月末、西南戦争勃発の直後、木戸は明治天皇に随行して京都入りしていたが、そのままもと近衛家下屋敷であった河原町の別邸で病に臥《ふ》してしまい、五月二十六日、四十五歳の生涯を閉じる。

木戸松子となった幾松は、病床の夫の看病にあたったものの、これを三十五歳で見送らねばならなかった。子供のなかった松子は出家し、明治十九年四月十日にこの世を去っている。享年四十四。

自らの人生を顧みて、彼女の感慨はどのようなものであったのだろうか。

第三章　抵抗者たちの軌跡

「不可能の言葉を吐かず」節義の幕臣・小栗上野介忠順

長くつづいた幕藩体制＝天下泰平のもと、すべての旗本・御家人＝幕臣は、減俸やお家断絶の事態を恐れ、いわば事なかれ主義に徹するようになっていた。

そうした風土から、〝気骨ある侍〟が生まれてくるはずもない。

——ところが、小栗《おぐり》上野介《こうずけのすけ》忠順《ただまさ》が現われた。

三河以来の徳川家累代の旗本の家に、文政十年（一八二七）六月二十三日に彼は生まれている。父・忠高《ただたか》は新潟奉行をつとめた英才で、母・邦子《くにこ》は家付きの娘ながら、子供の教育には大らかな女《ひと》であった。それでも忠順は率先して、幼くして安積艮斎《あさかごんさい》の塾で漢学の手ほどきを受け、剣術・柔術・砲術も修め、安政二年（一八五五）、父の死去にともない家督を相続している。

やる気と積極的な性格ゆえ、三十三歳で大老・井伊直弼に認められ、「目付」として遣米使節団に参加、日米修好通商条約の批准書交換に采配を振るっている。

訪米後も、彼は順調に出世し、万延元年（一八六〇）十一月には外国奉行に、慶応二年（一八六六）八月には、勘定奉行兼海軍奉行という、事実上の幕閣最高実力者となった。

この間、幕府は尊皇攘夷の強風にあおられ、瓦解へ向かってひた走った観が拭えない。

そんな中にあって、幕閣の事なかれ主義、彌縫策《びほうさく》に終始する大勢を向うにまわし、忠順は幕府権力の回復、拡大に躍起となった。

「大君のモナルキ」＝フランスにならう郡県制度を導入すべく、無能な幕臣には兵賦を金納に改めさせ、名目上の役料を廃止。実質役金の支給へ大鉈《おおなた》をふるい、一方では、陸海軍の強化のため、フランスとの提携を促進した。

また、東洋一の横須賀製鉄所（造船所も含む）の建設にも着手したが、フランス本国の情勢が一変し、借款は不可能となる。そこへ鳥羽・伏見の戦いが重なった。

この戦いに敗れ、江戸に逃げた十五代将軍・徳川慶喜《とくがわよしのぶ》を、忠順は懸命に説得。フランス式陸軍歩兵と近代海軍をもって、反転攻勢を主張したが、ついに慶喜はこれを拒絶する。

崩壊へ迫る徳川幕府――どうすれば、生き残れるのか。日本史は結果として、明治維新を選択したが、忠順には、いまひとつの方法論――強権をもって天皇を京都から拉致《らち》し、反対派を一掃する戦略が練られていた。が、すべては水泡に帰してしまった。

慶応四年（一八六八）正月、失意のまま江戸を離れた忠順は、采地の上野国群馬郡権田村（現・群馬県高崎市倉渕町権田）に帰農した。ここでわずかばかりの農兵を編成し、治安保持につとめていたところ、同年閏四月六日、官軍＝東山道鎮撫軍が進駐して来て、無抵抗であったにもかかわらず、忠順は烏川の河原で斬首に処せられてしまう。享年四十二。

忠順の部下であった福地源一郎《ふくちげんいちろう》は、後年、次のように述懐している。

1827〜1868

小栗が財政外交の要地に立ちし頃は、幕府すでに衰亡に瀕し、大勢がまさに傾ける際なれば、十百の小栗ありといえども、また如何ともなすべからざる時勢なり。

しかれども、小栗は敢えて不可能《インポシブル》の言葉を吐きたることなく、病いの癒《い》ゆるべからざるを知りて薬せざるは孝子《こうし》の所為にあらず、国亡び身たおるるまでは公事に鞅掌《おしょう》するこそ、真の武士なりといて、屈せず撓《たわ》まず、身を艱難《かんなん》のあいだにおき、幕府の維持をもって進み、それを己《おのれ》の負担とせり。すくなくも幕末数年間の命脈を繫《つな》ぎ得たるは、小栗があずかって力あるところなり。

（『幕末政治家』より）

苦境に際して不屈の意志を貫き、幕末を生きた一代の好漢の人生が、ここにあった。

謙信以来の英傑と敬慕された河井継之助

1827〜1868

文政十年（一八二七）正月一日、河井継之助《かわいつぐのすけ》は、河井代右衛門秋紀《だいえもんあきのり》の子として、越後長岡に生まれている。家は代々、越後長岡藩主の牧野氏に仕え、百二十石を領し、父・秋紀は藩の勘定頭をつとめていた。父は温雅な風流人であったようで、継之助は、この父よりも母を恐れたといわれ、その教養も、この賢婦人の感化によるところが大きかったとか。

継之助の少年時代に、次のようなエピソードがある。

馬術を三浦治郎平に習っていたのだが、あまりにも乱暴に乗り回すので、師の三浦が「そのような乗り方では、法にかなっていないから、早々に改めるべきだ」と注意したところ、継之助は「乗馬の術は学問ではありませぬ。駆けるすべと止るすべさえ、弁《わきま》えておればよいではありませぬか」と答えたという。生来、強情で人に負けるのを極端に嫌った。

その継之助が志を立てて江戸へ出たのは、嘉永五年（一八五二）の秋のこと。

江戸では古賀茶溪《こがさけい》の「久敬舎《きゅうけいしゃ》」で漢学を学び、海外事情の研究をはじめたものの、この年の六月、ペリー来航で国内は騒然となったため、継之助は当時、老中の要職にあった藩主に、藩政を論じた献言書を上呈し、学問を中断して郷里長岡へ帰ってしまった。

この献言書がのちに継之助をして、藩政に参与する端緒となる。継之助が新知三十石を給されて、藩の御目付格評定方随役となったのは、江戸から帰った翌年、二十七歳のときであった。

慶応元年（一八六五）夏、刈羽《かりわ》郡に起こった百姓一揆の鎮撫に当たった継之助は、生命《いのち》を賭して理非曲直を明らかにし、さしもの難事件を見事に解決したことから、郡奉行となり、次には町奉行を兼ね、寄合組から年寄役となり、さらには家老から家老上席となった。

驚くべきはその間、わずかに四年であったことだ。

継之助は主として長岡に在り、多年の蘊蓄《うんちく》を傾け、政治的才能を縦横に揮って、鋭意、藩政の改革に尽くしたが、そのうちの顕著なものだけを挙げても、賭博の禁止、遊郭の廃止、河税の廃止、寄場の新設、兵制の改革などがある。

わけても藩内禄高の改正には、目を見張るものがあった。継之助は、

「千石の士といえども、君に報ずるところは首一つ、百石の士の君に報ずるところも、また首一つである」

といって、二千石は半減して千石に、三十石は加増して五十石とした。

慶応三年十月、徳川十五代将軍慶喜が、政権を朝廷に返上し、将軍職を辞した。いうところの〝大政奉還〟だが、このとき継之助は、牧野家の江戸藩邸にあったが、「このたびのことはいささか権道に出《い》ずるもの」と漏らした。つまり、正当な手段とはいえぬまでも、ものごとをおこなうための方便であろう、といったわけだが、この政局が以後の一年間に、この英才を悲嘆の底へ沈めるこ

ととなる。継之助は大政が奉還されたうえは、朝廷、幕府のいずれの側に与《くみ》することなく、人道の義理に徹し、長岡藩の安泰をはからねばならないと考えた。そして譜代大名たる牧野家が公・武の間を周旋し、戦争の勃発を阻止すべきだと説いた。

これは藩主・牧野忠訓《ただくに》が継之助ら六十余名を従えての上坂・上洛となったが、もはや事態は、それ以上に急速に進展していた。大坂城から京へとのぼった継之助が見たものは、薩長の天下を恐れぬ暴状とともに、彼らの策動による、いかんともしがたい公・武の反目であった。

慶応四年正月三日、鳥羽・伏見にとどろいた砲声は、五月にはいり、北越戦争となって中立を堅持しようとする継之助の努力も空しく、長岡藩を戦火に巻き込むこととなる。

五月二日、官軍＝東征軍が長岡を隔《へだ》てる四里の地・小千谷《おぢや》に追ってもなお、継之助は官軍本営に乗り込み、率直に中立を表明、官軍への献金や出兵の辞退を許されるように請うている。が、それも容れられず、五月十九日、ついに長岡藩は官軍と対峙することとなった。

この北越戦争に、七万四千石の小藩が三カ月余りも、官軍の攻撃を耐え得たのは、一にかかって継之助の優れた統率力と用兵にあったといって過言ではない。

継之助は流弾によって肩と脛を貫かれ、再起を期して会津に通じる八十里峠を越える途中、〝八十里こし抜け武士の越す峠〟と自嘲しながら、それでも塩沢村まで到着して、八月十六日、ついに帰らぬ人となった。ときに、四十二歳。

1827〜1868

〝米百俵〟で真の教訓を説いた小林虎三郎

幕末、越後国長岡藩七万四千石（実高十万石以上）は、藩の命運を衆議の結果、家老の河井継之助に託した。

攻めくる官軍も認めず、さりとて佐幕派にも参画したくない。われに三千の洋兵あり、ガットリング砲もある。一年や二年は「中立」を保てる、という継之助の論は、各々の内心は別として、多くの長岡藩士の支持を得た。

だが、官軍はこの第三の道を行く、をそもそも認めるはずもなく、両者の談判は決裂、長岡城は占領されてしまう。

進退《しんたい》きわまった継之助は、ついに佐幕派に自らも参加。城を一度は奪還したものの、その際に負った戦傷がもとで、この世を去った。享年四十二であった。

後年、作家・山本有三《やまもとゆうぞう》の手による、珠玉の戯曲『米百俵』において、主人公に擬《ぎ》された越後長岡藩の大参事・小林虎三郎《こばやしとらさぶろう》は、継之助より一歳の年下であった。

彼は官軍との戦いに反対したが容れられず、長岡が三度の戦火を受け、ついに謝罪の文を官軍側へ送って、帰順を願い出る＝無条件降伏するに及び、その後の長岡藩の仕置をまかされた。

官軍に刃向かった長岡藩は、当然のように石高を一気に二万四千石に削られるなど、徹底した意趣返しを受けた。実収は五分の一となり、戦死者の遺族、戦傷者の家族の面倒も、藩はみなければならなくなる。

その総責任者に選ばれたのだが、かねてより官軍には降伏すべきだ、と説いた虎三郎であった。

この人は幼いころ、疱瘡にかかって左目を失明している。そのハンディも負っていた。

それにもめげず、虎三郎は学問に打ち込み、佐久間象山の塾では、長州の吉田《よしだ》松陰《しょういん》（寅次郎《とらじろう》）と共に、門下の〝二虎〟と呼ばれるまでになったものの、身体が強くなかった彼は、しばしば病床にあった。

敗戦後、長岡藩士の家族は、三度のおかゆすら満足にとれず、その惨状をみかねた支藩の三根山藩から、米百表が送られてきた。これで一息つける、と喜んだ藩士に、虎三郎はこの百俵で学校を建てる、と宣言する。

藩士たちは何を悠長な、まずは食べることだ、と虎三郎を非難するが、この大参事は動じない。

長岡の敗戦にふれ、山本の戯曲では虎三郎は次のような発言をしたことになっている。

「――人物がおりさえしたら、こんな痛ましい事は起こりはしなかったのだ。（中略）おれのやり方は、まわりくどいかもしれぬ。すぐには役にたたないかもしれぬ。しかし、藩を、長岡を、立てなおすには、これよりほかに道はないのだ」

虎三郎の説得により、学校は建てられ、その後、旧制長岡中学となった。

1828～1877

幾多の人物が各界に輩出したのは素晴らしいことであったが、ここで目を引く人物に、太平洋戦争開戦時の、連合艦隊司令長官・山本五十六《やまもといそろく》がいた。

彼は一年や一年半なら戦ってみせますが、そのあとは責任をもてない、と公言しつつ、開戦へつっ込んでいった。

その言動は、幕末の河井継之助と酷似していた。

はたして〝米百俵〟の理想は、本当に実現されたのであろうか。

歴史を点で捉《とら》えてはいけない。線でつなぐと、見えないものがみえてくる。

これは、その一例にすぎない。

小林虎三郎は明治十年（一八七七）八月二十四日、五十歳で没した。

その名を天下に轟かせた新撰組局長・近藤勇

天保五年（一八三四）十月九日、近藤勇《こんどういさみ》は武蔵国多摩郡上石原村《かみいしはら》（現・東京都調布市）に、父・宮川久次郎《きゅうじろう》、母・栄の子として生まれている。上に音五郎《おとごろう》、粂次郎《くめじろう》の二人の兄がいた。

幼名を勝五郎といい、武州の武張ったことの好きな気質に加え、父の剣術好きの影響もそのあって、幼少の頃から身辺に竹刀の音を聞いて育ったという。

父・久次郎は剣術とともに、講釈師の語る三国志や加藤清正《かとうきよまさ》の虎退治などが好きで、勝五郎も影響を受けた。なかでも、三国志の関羽《かんう》が好きで、その信義に生きた姿は、後年の近藤勇に多くの示唆を与えたのかもしれない。

天然理心流の修行に、正式に励みはじめたのは嘉永元年（一八四八）のこと。ときに、勝五郎は十五歳。よほど剣の才に恵まれていたのだろう、翌年六月には目録を授けられ、その名は近郷近在に鳴りひびいた。

——この十六歳の頃、勝五郎には一つの挿話が生まれている。

数人の強盗が、父・久次郎の留守をねらって宮川家に押し入ったのである。

これに気づいた兄の粂次郎は、家にあった真剣を抜いて賊たちに飛びかかろうとしたが、勝五郎はこれを止めた。

1834〜1868

「賊は押し入った当初が、一番気の立っているもの。彼らが、品物をまとめて、立ち去るところを狙うべきです。押し込みに成功して、早く逃げようと焦っているから、その心の隙に乗ずることこそ、剣の極意でしょう」

勝五郎と兄は、忍耐強く待ち、強盗が外へ出たその時、「待て」と一喝。賊の一人を背後から斬りつけた。勝五郎らの奇襲攻撃に驚いた賊たちは、慌《あわ》てて逃げ去ったという。

伝承では、勝五郎の機転の利いた行動に感心した師の近藤周助が、

「わが流儀の四代目を継ぐのは、この者をおいてほかにはない」

とほれこみ、自らの養子に迎えたという。このとき、近藤勇と改名。

文久三年（一八六三）二月、勤皇派の巨魁《きょかい》・清河八郎《きよかわはちろう》の献策により、幕府公認の「浪士組」が結成された。道場の食客・藤堂平助《とうどうへいすけ》がこのことを聞きこみ（別説あり）、近藤は「浪士組」のことを知る。

「待ち望んでいた機会だ」

と、近藤は参加を決意し、天然理心流の門下生たちにも呼びかけた。

同年二月八日、「浪士組」は江戸の伝通院を出発。中山道を通って二月二十三日、京都に到着した。その後、清河の豹変もあり、ここにいたって浪士たちは、帰東か、残留かの、二者択一を迫られる。

そして、芹沢鴨《せりざわかも》（水戸出身）や近藤勇ら京都残留者二十二人と現地加入の二人を加えて、三月十

二日、会津藩「御預《おあずかり》」の「壬生浪士組」が誕生する。

近藤は、同年九月十八日（別日説あり）、芹沢鴨を殺害し、新撰組局長として君臨。元治元年（一八六四）六月五日、池田屋にて勤皇の過激派志士を襲撃し、一躍、新撰組の名を天下に轟《とどろ》かせることとなる。

慶応三年（一八六七）十一月十五日、薩長同盟の立役者・坂本龍馬が暗殺された際、近藤ら新撰組に容疑が掛けられるが、これは無関係であったようだ。それより近藤が荷担したのは、三日後のもと新撰組参謀・伊東甲子太郎《いとうきねたろう》（常陸国出身・北辰一刀流）の暗殺、その一味で高台寺塔中月真院に拠った「高台寺党」＝孝明帝山陵衛士の粛清であった。

ところが同年十二月十八日、今度は近藤が軍議を終えての帰路、伏見街道で高台寺党の残党たちに狙撃されるという事件が起こる。彼はこの時の傷が原因で、鳥羽・伏見の戦いに参戦できず、指揮を取ることができなかった。

江戸に引き揚げた後、近藤は甲陽鎮撫隊を指揮したが、甲州勝沼で敗走。このおりの敗因は、近藤が鳥羽・伏見の近代戦を経験していないことが大きかったようだ。

その後、下総流山にて官軍に投降し、慶応四年四月二十五日、近藤は板橋の庚申塚《こうしんづか》の刑場で斬首に処せられた。享年、三十五。

1834～1868

農民出の新撰組副長・土方歳三

幕末動乱の京都にあって、余命いくばくもない幕府を守り、無政府状態と化した洛中を、不穏・不逞の勤皇志士と対決しながら死守した新撰組――この鉄の規律の警察組織を、実質上、動かしていたのが、副長の土方歳三《ひじかたとしぞう》であった。

彼は士農工商の身分制度のなかにあって、伝統的な武士の生まれではなく、そのことがかなり屈折した影を、この男に落としていたといってよい。

そのことは、無名時代を覗《のぞ》くと理解しやすい。

天保六年（一八三五）五月五日、武州多摩郡石田村（現・東京都日野市石田）の農民の子として生まれ、後年、「土方歳三」を名乗る人物は、周囲に「トシ」と呼ばれて育った。

残念なことに、「トシ」は父の顔を知らない。生まれる数カ月前に死去していたからである。母も「トシ」が六歳のおりに没してしまい、実質的には兄夫婦の手で育てられたといえる。

父母の愛にめぐまれなかったことが、のちの冷徹さを生んだのかもしれない。

幼い頃から「トシ」の関心は、武士になることであったようだ。恋焦がれた、という表現がよく合う。これは出生地の武州が、徳川幕府の天領（直轄領）であり、代官をはじめ旗本やその用人を、数多く身近にみてきたことと無縁ではなかったろう。

とくに、天領の農民は自分たちを徳川家直参の百姓と定義づけ、他の大名領の農民を、一格見下げる傾向が強かった。

とはいっても、世の中、なりたいからといって、希望通り農民が武士になれるかといえば、世の中、それほど単純なものではなかった。

当然のことながら、江戸時代には厳しい身分制度が存在しており、人々はその枠の中に生活していた。「トシ」のあこがれは、どこまでもはかない夢でしかなかった。

口伝によれば、「トシ」は弘化二年（一八四五）に現在の東京都台東区上野にあった「伊藤松坂屋」＝呉服店（現・松坂屋百貨店本館の前身）に、丁稚《でっち》奉公に出されている。

もっとも、些細なことで番頭と衝突し、ほどなく生家へ舞い戻った。

大人からみれば、生意気な小僧であったのだろう。あるいは、父母のないことから、兄に甘やかされて育ったとも考えられる。

十七歳のおり、大伝馬町の商家へ二度目の奉公にあがったものの、店の女子店員と懇《ねんご》ろとなり、それを理由にクビ。

「トシ」は石田村に再び戻ると、家伝の「石田散薬」（骨折・打身の薬）を持って、行商するように、と兄に命ぜられて諸国を徘徊《はいかい》する。

そこで「トシ」は何を見、何を感じとったのであろうか。

商品流通の有様を認識したなら、それこそ家業に精を出し、商人としての大成を目指したであろうが、彼にはその痕跡がない。

「トシ」のおかしさは、身分は農民であり、生業《なりわい》は行商人でありながら、生まれつき臆する心の薄い性質《たち》と相俟《あいま》って、二度目の帰郷の年には、ふいに髷《まげ》を武士風に似せ、のみならず田舎剣法の天然理心流に入門。何をおもいたったか剣術修行に、せっせと通いはじめたことであろう。

農民が武士の真似をする——他領内＝大名領では、無論、このようなことは許されない。やればすぐさま捕えられ、こっぴどい目にあわされたに違いない。

だが、武州には天領ゆえの、お目溢《めこぼ》しがあった。

「トシ」の剣の師・近藤周助は、すでに七十を数える老人であったが、武州上石原《かみいしはら》の豪農家の三男を養子とし、代稽古をまかせていた。

この養子こそが、のちに新撰組の局長となり、「トシ」とコンビを組んで一世を風靡する近藤勇であった。

「トシ」より一歳年長の勇も、武士にあこがれるということでは、「トシ」と同様、二人は義兄弟のような間柄でもあったといえる。

幸いにして、時代は二人の望むべき方向——身分制度が動揺し、瓦解《がかい》する動乱の幕末を迎えていた。

ペリー来航を端緒とする欧米列強の登場は、日米和親条約の締結時、さほどの混乱を世上に与えなかったものの、ハリスが初代総領事として日本へ乗り込み、日米修好通商条約を締結するにいたって、一気に上を下への〝乱世〟を迎える。

武士階層はすでにペリーの来日で動揺していたが、庶民はそのことが自分たちの生活にどのように繋《つな》がるのか、考えてもいなかった。

ところが、開国通商を迎えるやいなや、物価がことごとく高騰し、日常の生活に支障をきたすようになる。

結果、大騒動となったのが実相で、これに将軍家の後継者問題が絡《から》み、これまで政治に参加したことのない外様が騒ぎ出して、ついには朝廷までもが口を挾《はさ》む事態となった。

幕府ではこの事態を、最高権力者である大老・井伊直弼の大弾圧＝〝安政の大獄〟で切り抜けようとしたが、この幕政のシンボルたる大老が暗殺され、かえって幕藩体制は大きく動揺し、その反動で身分制のタガは大いに緩《ゆる》んだ。

なかでも勤皇志士と呼称される浪人は、政治に介入しはじめた朝廷＝公家のもとへ出入りし、〝天誅〟と称しては、反対派とおぼしき人を見境なく斬り、愉快がるというありさまであった。

京都には所司代、奉行所があったものの、既成の機構ではとてもこの乱暴狼藉《ろうぜき》を食い止めることはできなかった。

腕に自信のある者は、尊皇攘夷を掲《かか》げて、志士を気どるのが世に出る早道であったかもしれない。なにしろ、幕府と一線を画した長州・土佐・薩摩など、資金的に援助してくれる雄藩もあって、食うに困ることがなかったのだから。

実力次第で、立身出世できる〝下剋上〟の時代が、到来したのである。

しかし、「トシ」は志士にはならず、その志士を斬る立場を選択した。

否、成りゆきといえなくもない。

おりから、幕府が混迷の度合いを深める社会の秩序回復に、江戸にあって、腕に覚えのある剣士たちに多大の期待を寄せた。「トシ」はその中に、まぎれこんだ。

文久三年（一八六三）に、幕府が募集した「浪士組」に参加。隊の指導者である清河八郎と対立して、二十四名で京に残留し、京都守護職（会津藩主）・松平容保の麾下に入って、「新撰組」を発足せしめた。「トシ」は副長となり、京都の治安維持を担当、討幕志士に〝鬼〟と恐れられる。

慶応三年（一八六七）六月にはついに、幕臣となったものの、すでに幕府は崩壊の寸前。

鳥羽・伏見の戦いを経て、甲陽鎮撫隊を組織し、敗れてのちは関東、奥州へ。

ついには箱（函）館郊外の一本木関門で戦死を遂げる。享年三十五。

思い残すことのない、至福の死ではなかったろうか。

蝦夷徳川藩を構想した榎本武揚

慶応四年（一八六八）閏《うるう》四月二十三日、この日の『海舟《かいしゅう》日記』に、

「榎本釜次郎《えのもとかまじろう》（武揚《たけあき》）来訪。軍艦、箱館《はこだて》行きの事、談これあり。然《しか》るべからずと答う」

と筆録されている。

幕末維新の大きなヤマ場の一つ——旧幕府海軍副総裁・榎本の蝦夷《えぞ》（現・北海道）への脱走計画を、海舟は部下の本人から打ち明けられ、助力を求められたのだが、結局はこれを拒否。逆に、脱走を思いとどまらせようとしたが、二人の会見は決裂してしまう。

榎本は旧幕陸軍の歩兵や彰義隊《しょうぎたい》、新撰組《しんせんぐみ》の生き残り隊士などを加え、旧幕府の軍艦八隻《せき》を率いて蝦夷地に上陸を敢行《かんこう》。箱館と五稜郭《ごりょうかく》を占拠し、松前《まつまえ》福山城を攻略すると、瞬《またた》く間《ま》に蝦夷をその支配圏とした。事実上の〝蝦夷徳川藩〟の誕生であった。

ときに、明治と改元された一八六八年、十一月五日のことである。

榎本の描いていた計画は、蝦夷徳川藩を新政府に認めさせ、だめなときには攻め来る官軍艦隊と海戦をおこない、実力で独立を勝ち取り、産業を起こして自給自足しながら、内地の動静を見守るというものであった。

この計画がもし、予定した通りに進んでいれば、こののち明治六年（一八七三）に政府内で起き

1836〜1908

る〝征韓論争《せいかんろんそう》〟、そしてこれを機に、続々と決起した反政府勢力——佐賀の乱、神風連《じんぷうれん》の乱、秋月《あきづき》の乱、萩《はぎ》の乱、さらに西南戦争において、蝦夷政権は日本の進路を左右するほどの、重大なポジションを占《し》めることになったにちがいない。

それもこれも、要は蝦夷の独立。もっと直截《ちょくせつ》的にいえば、彼らの海軍力こそが鍵《かぎ》であった。ところが、榎本はその後、旗艦開陽丸《かいようまる》を台風で破損、沈没させるという、とり返しのつかない失策を冒《おか》してしまう。

新政府の戦力には、アメリカ製の最新鋭軍艦ストーンウォール・ジャクソン号（甲鉄艦）があり、この軍艦に対抗しうる榎本艦隊中の軍艦は、開陽丸だけであった。その大切な軍艦を、不用意に失ったのである。

榎本政権の前途は暗かった。が、まったく望みがなかったかといえば、そうでもない。唯一《ゆいいつ》の可能性に、フランスを中心とする外交戦略があった。事実、榎本は十二月二十五日、蝦夷平定の祝賀会を箱館で大々的に開催し、各国の領事や米仏軍艦の艦長らを招いている。

しかも、これに先立つ十一月十八日、榎本はフランス船ウエニコス号とイギリス船サテライト号の両艦長から、蝦夷政権を、

「デファクトな政府および行政機関として認めたい」

と申し出られていた。デファクトとは、〝事実上の、局地的な〟といった意味合いである。

しかし榎本は、この〝デファクトな政権〟を、否定する声明を慌《あわ》てて出している。

「日本からの独立など慮外《りょがい》のことであり、われわれは日本を守るために、あえて蝦夷に来たのである」

と。榎本の外交は、飽くまで〝蝦夷徳川藩〟の発想の域から出なかった。そのため、この都合のいいプランは岩倉具視《いわくらともみ》に一蹴《いっしゅう》され、ついには官軍艦隊の来襲となる。

戦術レベルで一勝や二勝しようとも、軍事力の相違を冷静に見れば、榎本政権に日本国と戦っての勝ちめはないに等しかった。ならば、デファクトな政権を受け入れ、一歩進めて、日本から分離独立した蝦夷共和国の宣言を行なうべきではなかったろうか。

幸いにも脱走兵のなかに、五人のフランス軍人がいた。彼らの助力を得て、横浜の公使レオン＝ロフシュを動かし、フランス本国に当座の資金を返済可能な範囲で借用することは、イギリスと不仲なフランスであれば、けっして無理な相談ではなかったろう。

榎本は必要以上に、幕臣としての立場に拘《こだわ》りすぎたのではなかろうか。

彼の父は最初、細川円兵衛《ほそかわえんべえ》といい、備後深安《ふかやす》郡湯田《ゆだ》村（現・広島県福山市神辺《かんなべ》町）の生まれで江戸に出て幕府の天文方に学んだ人物であった。

御家人（五人扶持《ふち》七十五俵）の榎本家の株を千両で買い、天文方の役人となっている。

こうした父の影響であろう、下谷御徒町（現・台東区御徒町）に生まれた榎本も、「百科全書家《エンサイクロペジス》」

1836〜1908

と渾名《あだな》されたほどの博学で、幕府昌平黌《しょうへいこう》から中浜万次郎（ジョン万次郎）の英学塾に入り、十七歳のおりには幕府の蝦夷調査隊に参加し、樺太《からふと》（サハリン）まで出かけている。

安政三年（一八五六）には幕府の長崎海軍伝習所に入り、先輩の海舟の知遇を得た。

榎本は幕臣として、いわば海軍士官として、順調に出世している。

文久二年（一八六二）には、選ばれてオランダへ留学。六年の長期にわたり西洋流の兵制をはじめ、器械学・化学を学び、ほかにも電信術、鉱物学、地質学、さらには西洋式近代酪農《らくのう》法まで研究したというから、のちの蝦夷平定後、彼の地をデンマークやノルウェーのような国にする腹案は、すでに出きていたに違いない。蝦夷には大炭田も多い。独立維持の可能性は高かったであろう。

——問題は、立ち上がりにあった。

これはなにごとにおいてもいえるが、八方美人にかまえていては、成るものも成らない。

慶応三年（一八六七）に帰国した榎本は、事実上、幕府海軍の実務を掌握。幕府瓦解の方向に抵抗し、蝦夷へ脱走したのだが、多大な抱負《ほうふ》をもちながら、手段や面子《メンツ》にこだわりがありすぎた。

ついには現実の壁を越える工夫ができず、明治二年（一八六九）五月には降服入獄となり、のち特赦によって開拓使に出仕、海軍中将となり、農商務・文部・外務の各大臣を歴任した。

榎本は幕府へ向けた情熱を、今度は己れを助命してくれた明治政府へむけたのであろう。

明治四十一年十月二十六日、七十三歳で没。榎本はいつしか子爵となっていた。

亡き夫を心で支えつづけた篤姫（天璋院）

「王佐《おうさ》の心」

という言葉が、『近思録《きんしろく》』の中に出てくる。

この書は、宋の朱子《しゅし》がその友人・呂祖謙《ろそうけん》と共同で選したもので、修身・斉家・治国・平天下の教訓を目的としたものであった。

その中で、「王者を補佐して働く精神」という意味で、冒頭の言が語られていた。宋の名僧・程明《ていめい》道《どう》の言葉として、三国志の諸葛孔明《しょかつこうめい》を指して使われたもの。

もっとも、わが国の歴史の中にも、「王佐の心」をもった補佐役・軍師は数多《あまた》いた。ただ、女性と制限した場合、不思議と王者の賢妻が、これに該当する事例が少なくなかった。

なかでも、もっとも過酷を極めたのは、徳川幕府十三代将軍・家定《いえさだ》の御台所（正妻）となった、篤姫《あつひめ》（のちの天璋院《てんしょういん》）ではなかったろうか。

この女性は幼名を一子《かつこ》といい、於一《おかつ》と呼ばれた。

薩摩藩主島津《しまづ》家の分家の姫であり、十一代藩主・島津斉彬《なりあきら》の養女となって「篤姫」と称したものの、公卿筆頭の近衛《このえ》家の養女となって、すぐに敬子《すみこ》となり、〝篤君《あつぎみ》〟と仰がれつつ、将軍家定の御台所となっている。

1836〜1883

――この婚姻、実は家定本人の意思により、島津家に申し入れたものであった。

かつて十一代将軍・徳川家斉《いえなり》の御台所に、「茂姫《しげひめ》」がいた。篤姫と同じく、この女性は薩摩藩主島津家の血縁者で、生涯に多くの子をなし、子孫を増やしていた。家定はそれを知っていて、ぜひその血脈を、と島津家に己れの妻を乞うたのであった。嘉永三年（一八五〇）のことであり、この時点で家定はすでに、二人の妻を失っていた。

ともに、公卿の姫であり、それゆえであったかどうか、共に体が弱かった。まだ当時、世子であった家定は、何としても体の丈夫な後添いを迎え、将軍家を絶やさぬよう、祈るような気持ちで、まだ藩主になっていなかった斉彬に、この話を持ちかけ、紆余曲折の末、選ばれたのが篤姫であった。もとより彼女は、結婚するまで、夫となる人の顔を一度も見ていない。それが当時の、武家の婚礼であったともいえる。

家定も篤姫を見てはいなかったが、越前藩主・松平慶永《よしなが》（号して春嶽《しゅんがく》）は十九歳年上の斉彬のもとを訪ねたおり、その人柄を聞いていた（『松平春嶽全集』所収「閑想秉筆《かんそうへいひつ》」）。

それによれば、斉彬の言葉から受ける印象は、今日に伝えられる「薩摩おごじょ」のイメージそのままであった、といってよい。

生半可な男の及ばぬ忍耐力を持ち、決して怒りを顔に表わすことがない。不平や不満はことごとく腹の中にしまいこみ、これを破裂させることがない。腹がすわっている、ということであろう。

軽々しいところはないが、笑みは絶やさず、人に接するのも誠に上手だ。なるほど、こういう女性は将軍、とりわけ問題のある家定の、夫人には相応《ふさわ》しかったかもしれない。

なにしろ家定は、幼少より体が弱く、正座もおぼつかないほどの人物であったとか。常に首を振る病状を呈し、身体をときおり痙攣《けいれん》させた。いずれかに、障害があったのかもしれない。

のちに日本へやって来た、アメリカの公使ハリスは、『日本滞在記』の中で、将軍家定と謁見した際、

「（彼は）短い沈黙のあと、自分の頭を左肩を越えて大きく後方へぐいと反《そ》らしはじめ、同時に、右の足を踏み鳴らす動作を三、四回とくり返した」

と述べている。

しかしその後、よく通る声でしっかりと、歓迎の言葉を述べたとも。替え玉がどこかに隠れていたものか、それとも知能そのものには問題はなかったのだろうか。

父の将軍家慶《いえよし》（十二代）が病《やま》いに倒れると、家定は毎日、自ら粥《かゆ》をつくって父に食べさせたというが、興味深いのは、障子に穴を開け、父が己れの料理を食べる姿をこっそり覗《のぞ》き見《み》し、一人悦《えつ》に入っていた点である。

ほかにも鵞鳥《がちょう》を追い回して、キャッキャッと悦《よろこ》んだとか、刀剣を抜いて家臣を脅かしたとか、とても成人した、まともな将軍がするはずのないことを、彼はやったという。

1836〜1883

当然のごとく、女性との性交渉ももてない。

ところが、二人が結婚する安政三年（一八五六）十二月——その三年前に、ペリーが日本へやって来た。直後に将軍家慶は死に、家定は三十歳で、この多難な情勢の中、将軍となった。篤姫はこのとき、十九歳であった。

ようやく結婚したものの、二人の結婚生活はわずかに一年半——彼女は母になる機会にも恵まれないまま、家定の急逝で二十四歳にして未亡人となり、出家して「天璋院」の法号を持つこととなる。

本来なら、将軍の御台所として、平穏な生涯を送り、おそらく日本史に特段、書き留められる女性とはなり得なかったはずだ。

それが、〝幕末〟という動乱の時代背景の中、天璋院は幕府の一方の力＝大奥を代表する女性として、歴史の表舞台に登場することになる。

世の中は、尊皇・攘夷、開国・鎖国で大混乱となっていた。この幕末の沸点を迎えた時期に、天璋院はその嫁＝皇女「和宮《かずのみや》」（十四代将軍家茂《いえもち》の御台所）との確執にも悩まされながら、十五代将軍慶喜《よしのぶ》不在の江戸城にあって、傾《なだ》れをうって崩壊にひた走る徳川幕府を、どうにか存続へ導くべく、女主人としての役割を懸命につとめ、実家である薩摩藩主島津家を敵にまわして、生命《いのち》懸《が》けの嘆願を行なった。

もし、天璋院が大奥にあらねば、江戸無血開城も実現せず、内乱が全国で起き、おそらく明治維新は十年近く、遅れたに相違なかった。もしも、そのような事態になっていたならば、明治の日本も大きく様変わりしていたであろう。

天璋院は江戸最後の日――江戸無血開城の慶応四年（一八六八）四月十一日の、その前日まで江戸城を守り抜き、無事開城に導く功績の一端を担った。

戦後＝明治は、薩摩に戻ることを頑《かたく》なに拒《こば》み、嫁いだからには婚家と生涯をともにする、とその死去するまで一度も、鹿児島の土を踏まなかった。

晩年は、六歳で徳川宗家を継いだ徳川家達《いえさと》の養育に力を注ぎ、その成長を見届けるように、四十九年の生涯を閉じている。

朝敵・徳川宗家（かつての将軍家）に、華族制度の最上位「公爵」が授与されたのは、その翌年のことであった。

なお、天璋院が育てた徳川家達の、長男である家正《いえまさ》の妻には、幕末最後の薩摩藩主（十二代）・島津忠義《ただよし》の娘・正子《なおこ》が嫁いでいた。

夫・家定は無責任に夭折したが、その妻は「王佐の心」をもって、見事に夫の役割を代行し得たといえよう。

1836〜1883

幕府を守り抜く決意を固めた徳川慶喜

文久三年（一八六三）に入ると、将軍・老中に先立って、京都入りしていた将軍後見職の一橋慶《ひとつばしよし》喜《のぶ》と政事の総裁職の松平春嶽の二人は、袂《たもと》を分かつこととなる。

春嶽はこのころ、最大の懸案となっていた条約締結の結果＝開港問題を、幕府の政権返上を念頭に置いて交渉すべきだ、と主張していた。

「一橋どのも、ご同意に違いない」

彼はそう思い込んでいたのだが、意に反して慶喜は自己の立場に拘泥《こうでい》した。

就任の経緯《いきさつ》はともかく、将軍家の家族・一橋家の当主となり、将軍を後見する身となったからには、将軍と幕府を守り抜かねばならぬ、と慶喜は思い定めていたようだ。

この辺り、この人物の最も輝く美質なのだが、懸命に幕府を擁護しながら、それでいて自ら汚れ役を背負わない慶喜は、京都にあって攻勢な尊攘派の〝志士〟たちに、将軍の帰府二十日後を目途《めど》に攘夷を決行する旨を約束してしまった。

さらには、三千の兵を率いて二百三十年ぶりに上洛した、将軍家茂ともども、三月十一日に帝の賀茂社行幸＝攘夷祈願に供奉《ぐぶ》させられ、四月十一日には、石清水《いわしみず》行幸に付き合わされるところを、家茂に仮病をつかわせて凌《しの》ぎ、四月二十二日、慶喜は江戸に向かって京を後にしている。

ところで、このとき江戸では老中格・小笠原長行《おがさわらながゆき》らの率兵上京計画が具体化していたが、二千の将兵で、一挙に畿内を制圧しようとしたこのクーデター計画は、不発におわってしまった。

慶喜という人は、手応えを感じるとそれに乗る。しかし、この武装上洛案では当初、賛同しておきながら、瀬戸際《せとぎわ》でおりた。慶喜の心中では、成功は覚束《おぼつか》ない、との認識があったのかもしれない。

さて、小笠原長行による攘夷派一掃の目論見《もくろみ》は、六月四日、将軍家茂の命で阻止された。が、この長行のクーデター失敗後、二ヵ月を経て、今度は会津藩兵と薩摩藩兵を主力とする八月十八日の政変が勃発《ぼっぱつ》した。

――公武合体が政局の収拾に当たるなか、慶喜は再び上洛する。

京都にはかつて己れを支持してくれた諸侯が、参与《さんよ》会議を催すべく集まっていた。朝廷の攘夷主義を変更させるには、願ってもない機会であった。

慶喜はこの好機に、是《ぜ》が非《ひ》でも新しい方向性を示す行動を起こすべきであったろう。

だが、元治元年（一八六四）二月十六日の中川宮《なかがわのみや》邸での会議の席上、慶喜は酒気を帯びた勢いもあったろうが、己れの支持者である島津久光、松平春嶽、伊達宗城《だてむねなり》らをこともあろうに、

「天下の大愚物、天下の大奸物《だいかんぶつ》」

と罵倒《ばとう》。せっかくの、参与会議を潰してしまった。

慶喜の心情は推《お》しはかるよりないが、参与会議が朝廷の評議決定機関として設けられたことは間

1837～1913

違いない。そのことが、慶喜には許せなかったのであろう。

もともと彼にとっては、政府は幕府以外にはなかった。

泰平がうちつづくなかで、幕府は次第に活力を失い、水戸学の影響もあってか朝廷の存在がクローズアップされ、ついには力関係が変化して、併立するまでになってしまった。

慶喜は参与会議を幕府の中に取り込もうとしたが、先の八・一八政変後、京都を事実上、占拠している薩摩藩＝島津久光の存在が、抜き難いまでに大きくなっていたのである。

一方の久光も、このころになってようやく、慶喜が己れの味方でないのを思い知らされる。幕府は、以前からの方針である開国を取り下げ、薩摩の主張に対して攘夷をすら選択したのであるから。

慶喜は自らの立場から、厄介きわまる参与会議を潰し、同時に将軍後見職をも辞退した。

もともと、慶喜の将軍後見職就任は、久光の武装上洛により、幕府を脅しつけての決定であった。

決裂した以上、慶喜にすればその職に留《とど》まるべきではなかったろう。

幕府の側に立ってみれば、このおりの慶喜の去就《きょしゅう》は絶賛に値《あたい》したに違いない。

このとき、参与会議を慶喜が潰していなければ、多分、朝廷政権の樹立は早まっていたはずだ。

「薩摩が禁裏《きんり》を窺《うかが》っている——」

そうしたなかで、慶喜は「禁裏御守衛総督、摂海防禦《ぼうぎょ》指揮」の任に就いた。これをもって幕府が政局の主導権を維持できる、と彼は判断したのかもしれない。

事実、慶喜はこの就任によって、京坂《けいはん》地方での実権を掌握したものの、雄藩との間は疎遠になってしまった。かわりに、このおり慶喜を支援して両翼をなしたのが、京都守護職の松平容保《かたもり》と京都所司代の松平定敬《さだあき》であった。

――慶喜が、〝タカ派〟的姿勢をもって幕権回復に当たった好例が、この年に起こっている。

三月、筑波に挙兵した水戸天狗《てんぐ》党のうち、武田《たけだ》耕雲斎《こううんさい》の一隊が十一月に京都に入るとの風聞により、慶喜は自ら朝廷に請《こ》うて出陣。やがて天狗党は加賀藩に投降し、当の藩から寛大な処分の嘆願がなされたにもかかわらず、慶喜は耕雲斎以下八百余人を若年寄・田沼意尊《たぬまおきたか》に引き渡して、敦賀での大量処刑を許可している。

また前後して（七月）、京へ押し入ろうとした長州藩士と、それに同調する長州系過激派浪士を、慶喜は容赦なく攻撃している（禁門の変）。八月には第一次長州征伐を実施。十一月には、長州藩の三家老を切腹させた。

明らかに慶喜は、己れのもとに権力を集中し、幕府勢力の再生強化を図ろうとしていたことが窺える。

見方によっては、目まぐるしく変節する慶喜を、幕臣や諸侯、尊攘派の志士たちも、気味悪げに見守りつつも、当初はその空恐ろしさにまでは思いいたらなかった。

「近臣たちが、一橋卿の明を曇らせている」

1837〜1913

世間はそう断じて糾弾の矛先を、慶喜の側近に向けた。中根《なかね》長十郎《ちょうじゅうろう》、平岡円四郎《ひらおかえんしろう》、原市之進《はらいちのしん》らが相次いで暗殺される。彼らは、慶喜の細工の多い芝居の犠牲者であったといっていい。

ただ、慶喜当人にはそうした自らの変節を、生涯、反省した様子はなかった。

しかし、世間もついには謀臣どもの奸計《かんけい》ではなく、慶喜自身が変節したことに気付きはじめた。虚喝漢《きょかつかん》のごとく、名指しする落書は後を絶たない。

だが、静かに周囲を見渡せば、幕府の中に味方と恃《たの》む者はなく、出身の水戸藩も党派抗争に明け暮れていて、慶喜の頼りにはならない。

この人物の悲痛さは、孤立無援の環境にあってなお、幕府再生をはかろうとしたところにあった。そのためには、強い幕府を世に印象づけねばならない。

一時的とはいえ、幕威の上がったのを機に、慶喜は再度の長州征伐を強引に推し進めたが、慶応二年（一八六六）六月に開始したこの戦いは、結局、予想に反して幕府方の惨敗となった。

慶喜は十四代将軍家茂の死去により、徳川幕府最後の将軍となったが、彼に残された役割は大政奉還、鳥羽・伏見の戦いの決断、そして恭順の意を表しての謹慎でしかなかった。

大正二年（一九一三）十一月二十二日、明治天皇より長生きした慶喜は、七十七歳でその生涯を閉じている。

物質文明を精神文明で覆した藩主・伊達邦成

われわれ日本人は、明治維新以後の進路として、「富国強兵」「殖産興業」の二大スローガンを実践してきたことを知っている。

だが、もう一つのご一新の可能性については、皆目、思いいたっていない。

そのことを教えてくれたのが、仙台藩伊達家六十二万余石の宰相であり、支藩亘理《わたり》の藩主でもあった伊達邦成《だてくにしげ》である。

この人物は、天保十二年（一八四一）十月二十八日、陸奥国玉造《むつのくにたまつくり》郡（現・宮城県大崎市）にあった支藩・岩出山《いわでやま》藩主・伊達内蔵の子に生まれ、のち亘理藩主・伊達義監《よしかね》の養子となり、宗藩の伊達慶邦《よしくに》から邦の字を授けられ、〝邦成〟と名乗った（通称は藤五郎である）。

奥州の名門・仙台藩は、

「徳川恩顧《おんこ》の歴史を覆《くつがえ》す気か――」

と、慶応四年（一八六八）閏《うるう》四月二十三日、奥羽各藩の代表が集まり結成された列藩同盟（二十五藩）、さらには五月三日には六藩が新加入した「奥羽越列藩同盟」において、その盟主となった。

この間、宰相の伊達邦成は仙台藩内にあって、恭順論を説き、同盟の不可を論じたが、抗戦派はついぞ聞き入れず、ついには同盟軍の主力として開戦を迎える。

1841～1904

秋田口で善戦はしたものの、ほかは形勢不振で退却をつづけ、そこへ米沢藩の降服が伝えられた。ことここに至ってようやく、仙台藩は官軍＝東征軍への謝罪降服を決定。少し遅れて、会津も降服となった。

十月、宗藩の慶邦は「東京」と改称された江戸へ移され、十二月六日には石高を二十八万石に削減する処分がくだされる。

哀れをとどめたのは、亘理藩であった。宗藩のとばっちりを受けて、二万三千石しかない領地は、五十八・五石にまで削られてしまう。むろん、これでは生活できる道理はない。にもかかわらず、明治政府は高圧的で、餓死が嫌なら武士を捨てて帰農せよ、と吐き捨てるようにいい放った。

ところが、伊達邦成はこのいずれをも拒絶する。

「余は藩士とその家族とともに、蝦夷《えぞ》地（現・北海道）の開拓に従事する。伊達の武士道を貫くには、ほかに道はあるまい」

邦成の決断は、一見、無謀とも思われた。

蝦夷地開拓は、国家の「北門の鎖鑰《さやく》（重要な場所）」——その意味では、「武士たることの名誉」は名目上、保証される。場合によっては、「朝敵」の汚名を雪《そそ》げるかもしれない。が、国家からは一切の支援は望めなかった。無一文でどうして、未開の荒野を拓《ひら》くというのか。

さしもの邦成も、死中に活を求めるこの方策には、踏み切るまでにずいぶんと悩んだ。このおり、

邦成から諮問された旧家老の田村顕允《たむらあきまさ》は、ただ一言、

「われに千三百六十二戸、男女七千八百五十四人の恩顧譜代の旧臣あり。この人々を資本となす」

と答申し、藩主邦成をみやった。

顕允によれば、食うに禄《ろく》なく、住むに家なき藩士こそ、最高の資本だというのである。

このような決死の武士は、薩長両藩にもいまい。草の根を食し、木皮で命脈をつなごうとも、われわれは武士であらねばならぬ、とも顕允はいった。

開拓執事《しつじ》となった顕允は、入植すべき土地選定に駆けずりまわり、明治二年（一八六九）に北海道と改まった蝦夷の行政区画十一カ国、八十六郡の中から、比較的雪の少ない地域「胆振《いぶり》國ノ内有珠《うす》郡」を、手に入れることに成功する。

渡航その他の費用は、すべて自弁。邦成はまず、代々の家財・宝物をことごとく売り、移住の費用にあてた。こうした主君の姿をみて、藩士たちも私財を投げ出していく。

邦成は仙台から青森、函館（明治二年九月三十日に箱館を改称）を経由して二十日に現地へ到着。一度、亘理へ戻って、明治三年三月二十七日、第一回移住のため、邦成は移住者二百二十人をひきいて仙台を出発した。

開墾が始められたのが四月十七日、荒野はまだ雪に覆われていたが、まず何よりも雨露《あめつゆ》をしのぎ、妻子を呼び、住まわせる小屋をつくらねばならない。

1841～1904

幸い山では蕨《わらび》、蕗《ふき》、独活《うど》、胡桃《くるみ》、栗《くり》、ぶどうなどが採れ、海では浅蜊《あさり》、昆布、海苔、その他の魚類が手に入り、川では鯎《うぐい》、山女《やまめ》などが食卓をいろどった。だが、明治三年八月の第二回移住（七十二名）が移る頃、何事も不馴れな開墾は米の不作、穀物類の失敗を明らかにしていた。

事前に用意した米（南京米）で飢《う》えをしのぎつつも、人心は先行きの不安と望郷の念に動揺をはじめる。

「このままではいかぬ」

この時、仙台で事後処理に当たっていた邦成は、明治四年二月、改めて七百八十八人を率いて自らも永住移住の決意を固めた。その邦成の姿勢に、藩士やその家族は奮い立った。

明治四年の夏と秋、再び不作と食糧不足が移住者を襲う。邦成は懸命に開拓使に働きかけたが、米七百石と金三千九百五十円が貸し下げられただけで、亘理の人々の言語を絶する艱難《かんなん》は、わずかに一息をついたほどでしかなかった。

さらには明治四年八月、彼らの拠りどころであった「武士の名誉」回復を断ち切るように、新政府は士分としての独立支配を取り消し、彼らを「民籍」へ編入してしまう。

――亘理藩士たちの、ショックは大きかった。

「成果をもって、取り返そう」

邦成はそういって、旧藩士たちをはげました。

旧藩士たちはこの悲憤に耐え、幾度となく襲ってくる生活の困窮にも、そのつど身を寄せ合い、いたわり合って、どこまでも気高く、武士らしく生きようと必死に努めた。

卑《いや》しいことはすまい、何事も一致団結して助け合おう、雄々しく生き抜こう――云々。

開拓にあたった他藩の士族たちが、つぎつぎに脱落していく中にあって、旧亘理藩士の郡内だけは、徐々に開墾の規模を広げ、安定した成果をおさめはじめる。

明治十四年、十八戸の第九回移住まで、総数およそ二千七百人の旧亘理藩士たちが、移住をおえていた。

同十八年五月四日、ときの札幌県は、

「北海全道に冠絶し、他の移住の亀鑑《きかん》（手本）にも相成」

とその成果を認め、旧亘理藩士の「士族籍回復」の手続きをとった。政府は同年七月、これを許可している。

旧藩士を督励し、ヨーロッパ式耕法を導入した邦成は、明治三十七年十一月二十九日、その決断の正しかったことに満足しながら、六十四年の生涯を閉じた。

なお、邦成以下が入植した有珠郡の地域は、現在、伊達市として繁栄をつづけている。

筆者はこの旧亘理藩士たちの生き方の中にこそ、もう一つの明治の可能性があったように思われるのだが、読者諸氏はいかがであろうか。

1841〜1904

新撰組に殉じ、警視庁に奉職した斎藤一　①その正体

孔子の弟子で、その真髄を伝えたとして、後世、〝宗聖《そうせい》〟と人々から仰がれた曾子《そうし》は、人としての生き方を問われ、

「吾《わ》が道、一以《もっ》てこれを貫《つらぬ》く」（『論語』）

と即答した。

私は終生、一貫して変わらない道をただ歩いてきた、というのだ。

その道とは、忠恕《ちゅうじょ》＝仁道だ、との意である。

曾子は別なところで、

「士は以て弘毅《こうき》ならざるべからず」（士たるものは、度量はあくまでも広くなければならず、意志はどこまでも強固でなければならない）

ともいった。

さらに言葉を継いで、

「任重《にんおも》くして道遠し」（士たる者は忠恕に徹する道を歩まねばならず、その任務は重く、その道は遥《はる》か彼方である。それを覚悟し、使命感に徹しなければならない）

とも。

この時、とどめに用いた言葉が、後世、有名になった。

「死して後《のち》に已《や》む」

「忠恕」は、真心から他人を思いやる気持ちをいったが、この言葉を「組織」「正義」と置き替えたとき、不思議に思い浮かぶ人物に、斎藤一《さいとうはじめ》がいた。

この人は常に武士らしくいきることを心がけ、それゆえか、己れが所属した組織に対して心底、忠実であり、決して裏切ることがなかった。

結果、二つの人生を生きるという、稀有な体験者となっている。

江戸の幕末期、忽然《こつぜん》と京洛の地に出現した新撰組にあって、斎藤一は三番隊組長をつとめた。腕に覚えのある新撰組にあって、剣の腕前では沖田総司《おきたそうじ》、永倉新八《ながくらしんぱち》と並ぶ隊内きっての遣い手であった。それが明治の時代に生き残り、警視庁の警部をつとめ、退職後、東京高等師範学校の剣道師範となっている。

実に、不思議な生涯をたどったものだ。

幕末がいよいよ沸点に達しつつあった文久二年（一八六二）、幕府は江戸にあって腕に覚えのある浪人を集め、「浪士組」を組織し、これを勤皇の志士と称して、傍若無人な振る舞いに及ぶテロリストにぶつけ、京都の治安回復を計ろうと考えた。

この計画は途中、発案者の清河八郎の豹変もあり、変更を余儀なくされつつも、京都守護職・松

1844〜1915

平容保（会津藩主）預かりの警察組織「新撰組」として誕生をみた。

斎藤はこの設立メンバーであったが、どうやら江戸から近藤勇がひきいてきた、その道場「試衛館」（天然理心流）所縁《ゆかり》の人ではなく、京都で合流した可能性が高い。

泰平の世に背を向け、ひたすら実戦での強さを〝求道した〟都治月旦《つじげったん》（正しくは、辻月丹）を開祖とする無外流の使い手として、斎藤はその腕と人物を見込まれ、新撰組草創期から幹部に招聘されたようだ。が、その氏素姓は今もって詳らかにはされていない。

一説に、斎藤は幕臣・山口祐助《やまぐちゆうすけ》の次男という。弘化元年（一八四四）正月一日に江戸に生まれ、上に兄一人、姉一人がいたとも。

父の祐助は播磨明石藩の足軽であったといい、若い頃に江戸に出て、のちに幕府の御家人（御目見得以下）の株を購入したという。

一概には信じられないが、金の算段ができれば、あながち無理な話ではなかった。

勝海舟の曾祖父は、越後の盲目の按摩であったが、江戸に出て高利貸しとして成功し、息子に「男谷《おたに》」という旗本（御目見得）の株を買ってやり、「男谷」を姓としたその長子は、自分の末っ子に御家人「勝」の株を相継させた。

この末っ子が、海舟の父・勝小吉《こきち》である。

幕府海軍の海将として活躍した榎本武揚の父も、幕臣の株を購入した人であった。

斎藤一の父も、入手できないことはなかったろう。身分を売り買いする――幕府はすでに、この面でも瓦解の兆《きざ》しをみせていたともいえる。

伝承によれば、斎藤は無外流を学んで、天稟の才を謳われたものの、十九歳のとき、江戸小石川で旗本を斬り殺し、京都へ逐電《ちくでん》したという。

『壬生《みぶ》浪士始末記』（西村兼文・著）に、

「斎藤は局中一、二の剣客にて、そのうえ殺伐《さつばつ》の癖ある者なれば――」

とあった。腕に覚えがあるため、喧嘩になっても決してひかず、ついには斬り合いとなったことは十二分に考えられた。

京都に父の知人を頼った斎藤は、ここで姓をかえ、山口から「斎藤」になったという。

もっとも、この経過を証明するものは、今日、何一つなく、山口家についても明らかにはされていない。また、子孫の言い伝えでは播州赤穂藩浪士、別説には水戸藩浪人の出ともいうが、いずれも確証がない。

ただ、新撰組結成当初から副長助勤をつとめ、のちには四番組長、三番組長を歴任。一方で隊の剣術師範をつとめたことは諸記録上、間違いなさそうだ。

とにかく、実戦の斬り合いとなれば斎藤は図抜けて強かった。

背がわり合い高く、無口であったが、眉毛が濃くて眼光も炯々《けいけい》としており、いかにも剣の使い手

1844〜1915

といった風貌をしていたという。

加えて、常に鎖帷子《くさりかたびら》を着用しており、〝常時戦場〟を心がけていた、との証言もある。

斎藤はいう。

「真剣による斬り合いというのは、敵がこう斬り込んできたら、それを払って、その隙にこう斬り込もうなどと、段取りできるものではない。ただ夢中に斬り合うだけなのです。こちらが鎖を着ているのがばれ、斬らずに突け、突け、と敵の喚《わめ》くのが耳に入り、よし突いてくるなら、こちらも突いてやる、そう決心したくらいのものでした」

実戦は技法よりは胆力、度胸ということのようだ。

この斎藤を左利きとしたのは、『新選組物語』の著者・子母沢寛《しもざわかん》だが、これは確証のないこと。隊士の中島登の書いた「戦友絵姿」では、斎藤は右手に刀を持っていた。

いずれにせよ、剣の腕のみが喧伝されがちな斎藤だが、彼は新撰組の参謀・伊東甲子太郎《いとうきねたろう》が同志を引き連れて隊をわり、「御陵衛士」を結成した時、新撰組の局長・近藤勇の密命を受け、「御陵衛士」に間者《スパイ》として参加している。知謀の人・伊東をもってしても、その正体を最後まで見抜けなかったというから、探索能力もきわめて高かったようだ。

斎藤一は鉄の如き、不動の精神力——与えられた職務に対して徹底忠勤をはげんでいる。

伊東謀叛の確証を握り、新撰組に復帰した斎藤は、「山口次郎」とここで改名したという。本名に戻ったのであろうか、それとも何か別の意味があったのであろうか。

幕末動乱の中、斎藤は新撰組のかかげる「誠」の旗の下、一心不乱に新撰組、ひいては幕府に忠誠をつくし、鳥羽・伏見の戦い、甲州勝沼の戦いを経て、会津へと移戦していく。

時世はあきらかに幕府にとって不利であり、その分、官軍側に利があった。彼らは優秀な火力にもめぐまれ、最新式の銃を装備して、斎藤に剣の腕をふるわせる機会を、ついぞあたえなかったといってよい。

慶応四年（一八六八）閏《うるう》四月から五月にかけて展開された白河口の戦いにも、斎藤は参戦している。この時点で新撰組隊長となっていた彼は、百三十人の隊士をひきいて、会津藩の国境へ出陣し、官軍を迎え撃った。

この時、かつての上司である近藤勇はすでにこの世になく、土方歳三は旧幕府脱走兵の全体を指揮する立場にたっていた。激しい攻防戦の末、八月二十一日、国境の母成峠《ぼなりとうげ》が官軍に破られた。

土方は会津に見切りをつけて仙台へ向かおうとするが、斎藤はこれに真っ向から異議を唱える。

「いま、まさに落城しようとする会津を見捨てるのは、士たるものの道ではありませぬ。これまで新撰組が、会津からこうむった恩義もあります。私はここへ残る」

新撰組の隊士となって以来、はじめての上司への抗弁であった。

1844～1915

新撰組に殉じ、警視庁に奉職した斉藤一 ②藤田五郎として生きる

斎藤は十二人の同志とともに会津へ残留した。

生命《いのち》を捨て徹底抗戦したものの、会津落城＝終戦により、彼は己れの生命を辛うじて拾うことになる。

そのまま、会津藩士とその家族ら一万七千余とともに、最果ての下北半島にある斗南へ移った斎藤は、ここで「斎藤一」の名を捨て、「藤田五郎《ふじたごろう》」なる人物に生まれかわった。

「前戸主亡父藤田祐治長男」

とした青森県三戸郡五戸村（現・三戸郡五戸町）の戸籍があり、このころ、斎藤は会津藩の重役（大目付・三百石）・高木小十郎の長女・時尾（トキヲ）と結婚していた。

時尾は二つ下の、弘化三年四月の生まれである。新しく姓とした「藤田」は、あるいは時尾の母方の姓かもしれないが、このあたりも定かではない。

定かでない、といえば母成峠以後、会津落城後までの消息が明らかでない斎藤は、このとき戦死した、との証言もあった（『中島登覚書』）。

ただし、斎藤一―山口次郎―藤田五郎が同一人物であるとの、確かな証言＝山川健次郎《やまかわけんじろう》監修『会津戊辰戦史』も存在している。

この山川健次郎の兄は、かつて大蔵《おおくら》と称した会津藩の家老（千石）であり、『京都守護職始末』の著者としても知られ、斎藤一とは旧知の間柄であった。のちに、浩《ひろし》と名を改めている。

陸奥斗南三万石においては、藩の権大参事に任ぜられ、藩士の授産に尽力した。

廃藩後、陸軍省に出仕し、のち東京高等師範学校長をつとめ、明治の教育界での重鎮となったが、斎藤には有形・無形の庇護を与えつづけた。

新撰組の生き残りの多くがそうであったように、本来ならその幹部たる斎藤の、明治以降の半生は足跡を消すように不明となるものだが、この人物は明治十年（一八七七）、突如、歴史の表舞台に姿をあらわす。場面は西南戦争。頑強な北上戦を展開する薩軍に対して、官軍は各地で敗れ、国家の存亡が問われる事態となっていた。

このとき、起死回生を期して結成されたのが、官軍抜刀隊であった。この隊はより正確に記せば、西南の役勃発《ぼっぱつ》に際して、かつての〝賊軍〟から募集された警視庁（正しくは警視局）の巡査によって編成されたもの。

その主力を担ったのが、旧会津藩士たちであった（山川浩はこの時、西征別動軍参謀をつとめている）。

二月十一日、警視隊六百人（数には異説がある）が海路、九州へ向かい、この中から腕に覚えのある者が抜刀隊を編成した。

1844〜1915

会津戦争で勇名をはせた、旧会津藩家老（千石）・佐川官兵衛《さがわかんべえ》もこれに参加している。

「戊辰の恨《うら》み、覚えたか」

彼ら旧会津士族は生命《いのち》を投げ出すように、薩軍の中へ斬り込んで行った。

斎藤はこの西南戦争に、「東京府士族　警部試補」として参戦。所属は陸軍少将を兼ねた大警視・川路利良《かわじとしよし》のひきいる別働第三旅団（巡査隊）であった。

戦後、斎藤一こと藤田五郎は「青色桐葉章」という賞勲を受け、明治十二年十月八日、勲七等と百円を下賜されている。同年八月には警部補に昇進。二年後の九月には陸軍の兼任を解かれ、巡査部長（後のものとは異なる）となり、月俸「拾弐円」をもらっている（このとき、警視局は再び警視庁に戻っていた）。

ちなみに、このころ最下級は四等巡査といったが、彼らの月俸は六円であった。今日の貨幣価値に直して、五万円あったかどうか。

当時、ひらの巡査の給料は安いことで知られていた。そこで彼らは現品で支給される夏・冬の服や外套を遣《や》り繰《く》りし、一年分の服を二年着て、新しいままの一そろえを服屋に六円、七円ぐらいで売った。靴代は現金であったから一年分を二年はいて、残りを家計の足しにしている。

もっとも、実直、勤勉な藤田五郎は、その後も順調に出世している。

明治二十一年十一月には「警部」となり、「判任官八等給中級俸」をもらっているから、今風にいえば中流の生活。もうけた三人の子供のうち、長男の勉は、会津藩主であった松平容保の四男・恒《つね》雄《お》のご学友にも選ばれていた。次男の剛はのちに外国で生活し、三男の龍夫は会津の名門・沼沢家へ養子入りしている。

明治二十四年四月二日、「非職ヲ命ス」と「藤田五郎履歴書」にあった。が、同日付で東京高等師範学校に「雇申付」（月俸金拾弐円）というから、生活に困ることはなかったろう。

当時、官員は満十五年、巡査で満十年勤めると恩給が出た。十年をこえれば一年一円ずつ増えたというから、藤田五郎の晩年は悠々自適であったに違いない。

東京教育博物館の看守や女子高等師範学校の書記などもつとめ、かたわら剣道師範を黙々とこなし、この人物は大正四年（一九一五）九月二十八日にこの世を去っている。享年七十二。

その最期を勉の子、すなわち孫にあたる藤田実《みのる》氏は次のように語り残した。

「祖父はどういうわけか、自宅の床の間の上に座って、正座して亡くなったのです。そんなことをいいますと、何か作り話みたいに感じる人もいるかもしれませんが、本当の話なのです」

斎藤一＝藤田五郎にとっては、何ら悔《く》いることのない、己れに納得のいく生涯であったのだろう。

1844〜1915

第四章　明治日本　近代化への躍進

〝近代製鉄の父〟と呼ばれた大島高任

時代の黎明《れいめい》期、国運と個人が懸命に、競争したような印象を受ける場面がままある。

たとえば、幕末の日本――西洋文明に大きく水をあけられ、とくに軍事技術において隔絶した差を見せつけられたわが国は、〝近代化〟という急務のテーマをかかげて、この時代に遭遇《そうぐう》した日本人――それも、選《よ》りすぐられた秀才たち――によって、解決を迫った。

彼らは必死になって、己れの限界に挑戦し、少しでも先進国に追いつこうと、海外からの情報収集・分析に、各々の生命《いのち》を懸けた。

なぜ、己れがやらねばならないのか、といった冷静な判断すらできない急場において。

無理もない。遅れを短期日で取り返すことができれば、国運は再びめぐり来て明日への独立が開けたが、もし、遅れをひきずることが長ければ、この国はやがて欧米列強の植民地となる運命を辿《たど》るに違いなかった。

――なんにしても、時間がない。

幾つもの分野で、秀才たちは未知なる世界との格闘を強《し》いられたが、その人物が格闘するテーマをどのように選んだかを考えると、ときに運命的ですらあった。

盛岡藩南部家の家臣・大島高任《おおしまたかとう》が、ヒュゲーニンの著した『リエージュ国立鋳砲所における鋳造法』に偶然めぐり合い、わが国最初の洋式高炉（大橋高炉）をわずか七ヵ月で完成させたという、一見、信じられないような凄《すさ》まじい業績についても〃当時〃の切迫感《せっぱくかん》がなければ、あるいは理解できないかもしれない。

東北の貧しい、盛岡藩の奥医師の長男として、のちの大島高任が生まれたのは文政九年（一八二六）五月十一日のことであった。

父の名を周意。高任は幼名を文治、長じて家業に応じて周禎と称した。

この大島家は戦国時代、中国の覇王として君臨《くんりん》した毛利輝元の一門であったという。

それが関ヶ原で敗れ、六ヵ国を没収され、防長二州に押し込められたとき、大島家の先祖は周防国大島郡を去り、会津の蒲生氏郷《がもううじさと》へ再仕官した。が、この蒲生家もやがて滅び、初代の総右衛門は盛岡へ流れてきたようだ。大坪流馬術にすぐれ、一方で馬医者を生業《なりわい》とし、次代から南部家の臣籍に姓をつらなることとなったという。宝永四年（一七〇七）のことであったとか。

――高任は、その九代目にあたった。

父は時勢の読める人であり、蘭語を片っぱしから覚えよ、ヅーフ（蘭日辞典）を引け、グラマチカ（文法書）を身につけよと、わが子に叱咤激励《しったげきれい》した。十七歳で元服し、〃周禎〃を名乗った高任は、江戸への蘭学留学を藩より許され、十四日かかる（一日十里を歩くとして）といわれた奥州街道を歩き、江戸の箕作阮甫《みつくりげんぽ》の塾に入門する。

1826～1901

この頃、師の阮甫は幕府の天文台翻訳方をつとめていた（四十四歳）。蘭学の知識をもって幕臣に取り立てられた嚆矢《こうし》といわれ、阮甫はひかえ目な南部気質の高任に内心、期待していたようだ。

一年半がすぎたとき、師はこの弟子に、「坪井信道《つぼいしんどう》の塾へ移れ」と命じた。

この頃、高任の学問が大いに進み、半面、多忙な阮甫は蘭学を講じる時間を失っていた。加えて、弟子の可能性が蘭方医専心ではないことにも気がついていたようだ。

坪井塾から出た一世の天才・緒方洪庵《おがたこうあん》の適々斎塾（大坂）をみても、向こうの方が分野の裾野《すその》が広そうに思われた。信道は伊東玄朴《いとうげんぼく》・戸塚静海《とつかせいかい》と並ぶ〝蘭学三大家〟の一人に数えられてもいる。

弘化元年（一八四四）、十九歳の高任は信道の「日新堂」へ移った（翌年まで学ぶ。信道はこの四年後に五十四歳で没している）。一度、藩へ呼び戻された高任は、父の医学の手伝いをしながら弘化三年七月七日、ようやく江戸へ、さらには長崎へ留学する許可を得る。

長崎で上野俊之丞《うえのとしのじょう》の塾生となった高任は、イギリスと清国の戦ったアヘン戦争のことを知り、南京条約の不公平を知って呆然《ぼうぜん》となった。いつ、日本が清国と同じ運命を辿るか知れたものではない。

高任は読む原書を兵学、さらには精錬学（冶金）に移していく。

国を守るには軍艦や鉄砲がいるが、その材料たるべき鉄が、日本では容易に作れない。〝たたら吹き〟と称する手間隙《てまひま》かけた技術はあったものの、西洋ではすでに三百五十年前から高竈《たかかまど》（高炉）という炉で、大量で廉価の鉄鉱を精錬していた。

軍事に冶金を組み合わせ、製鉄業をなんとなく思い浮かべていた高任に、一冊の書物が手に入る。
蘭人ヒュゲーニン（Huguenin・U）の冶金技術書『リエージュ国立鋳砲所における鋳造法』――
〝鋳造法〟とはまさしく、鉄製の大砲や弾丸を製造する方法のことであった。
「リエージュ」は十五世紀初頭、すでに一大製鉄所が建設されていたベルギーの地名である。ちなみに、ヒュゲーニンは一七五五年の生まれ。ナポレオン時代の砲兵将校であり、のちに王立大砲鋳造所の所長をつとめ、陸軍少将となった人物（七十五歳で没）。

高任はこれを手塚律蔵《てづかりつぞう》とともにコツコツ翻訳し、『西洋鉄熕《てっこう》鋳造篇』を完訳、脱稿。さらには頭にたたき込んだこの知識をもって、日本で最初の西洋流砲術＝高島秋帆《たかしましゅうはん》の息子・浅五郎のもとへ入門した。短期間で高島流の皆伝を得た高任は、大和郡山藩の依頼で大砲を製造し、その撃ち方を伝授している。そしてより厚い砲身を、より大きく造ろうとして、「反射炉」（レベルベート・オーヘンの訳）に行きつく。

だが、盛岡藩はこの逸材《いつざい》を国許へ呼び戻し、〝御鉄砲方〟として、西洋式軍事教練をまかせる処置をとった（周禎が総左衛門とかわる）。懸命に走って来た高任だが、肝心の藩はその天下に知られはじめた才能を、まるっきり理解しておらず、医師くずれの砲術家程度にみていたようだ。

それもそのはずで、南部家では藩主後継をめぐる暗闘《あんとう》があり、戦国時代からとかく因縁《いんねん》のある〝宿敵〟の弘前藩津軽家が四万六千石の石高を七万石に高直ししたことを知り、やめておけばいいの

1826～1901

に、領地はそのまま、幕府へ十万石の家格を二十万石に格上げしてもらうという、無謀な行動に出た。これは文化五年（一八〇八）十二月のことであったが、当然のことながら石高倍増は、それに見合う軍役負担を南部家に課すこととなった。

具体的には蝦夷地の警衛を担当することとなり、この警備費だけで年間一万四千両を必要とした。

膨大な出費は無謀な〝苛税〟を生み、苛斂誅求《かれんちゅうきゅう》はついに、全国におよそ例をみない二万数千の領民による、百姓一揆となっていく。

こうした事情が、高任にも多少響いた。嘉永五年（一八五二）十一月、江戸行きの通達が出て、彼は伊東玄朴のもとでの西洋流砲術の研究を命じられる。

蘭方医として大奥初のお抱え医師に抜擢された玄朴の私塾である「象先堂」は、西＝大坂の「適塾」と勢力を二分する東＝江戸の塾であり、門人はいずれ劣らぬ秀才揃いであったが、すでに高任を超える知識・製造技術・撃ち方の作法のわかる者はいなかった。

翌嘉永六年六月三日、アメリカ東インド艦隊司令長官ペリーが、軍艦四隻を率いて浦賀へやって来た。ついに、本格的な幕末の幕は切って落とされる。もっとも、高任は世界の情勢にさほど驚かなかった。多くはこれまでの人的ネットワークで知り得たことばかりであったからだ。

だが、その三年前の嘉永三年、佐賀において反射炉第一号の築造が着手され、四カ月で完成したことは、彼にとって内心、複雑な思いがあったに違いない。

ついで薩摩藩も、失敗をくり返しつつも、ついに反射炉築造に成功。しかもこの藩が使用したテキストは、高任と手塚の訳した『西洋鉄熕鋳造篇』であった。

二藩が世界に目をむけているとき、南部ではペリー来航で慌てふためき、高任に意見を求めたものの、百姓一揆の鎮圧に手を焼いて、とても大勢をみるなどということはできないでいた。

「こんなずんけ（馬鹿）な――」

自分にも反射炉は造れる、との思いが高任にもあった。が、肝心の藩はそれどころではない。こうした失意の彼のもとに、ぜひ反射炉を造ってくれ、と泣きついてきたのが水戸藩であった。

徳川斉昭《なりあき》の強い意志をうけて、藤田東湖《ふじたとうこ》が人選、あがったのが高任と秋田三春藩士の熊田嘉門、薩摩藩士・竹下清右衛門であった。高任と熊田の二人は、坪井信道の同門でもあった。

二十八歳の高任は、みごと水戸藩の期待にこたえ、水戸那珂湊《なかみなと》に反射炉を築き、大砲鋳造に成功する。このとき水戸藩では、正式に高任を藩士に貰《もら》い受けようと南部家にかけあった。

すると南部家は、

「いつにても御用次第差し上げ申し候間、表向き御懸け合いこれあるも苦しからず……」

とあっさりと、内諾を与えている。今風にいえば、頭脳流出ではないか。なんたる南部の無知――。

憐《あわ》れであったのは高任である。自分の家は二百年来、南部家に仕えてきており、「別して厚恩を受け」遊学を藩が許してくれたからこそ、今日の自分がある、と水戸藩へ直接、断わらねばならなか

1826〜1901

った。併せて、反射炉で溶解した銑鉄《せんてつ》――これで造った鋳鉄大砲が、試射のたびに砲身が破裂するという問題にも、対処しなければならなかった。

理由は明らかであり、反射炉の熱では砂鉄銑しか使用できず、岩鉄（鉄鉱石）銑を溶かすことができなかったからである。これを可能とするには、洋式高炉が必要であったが、いまだ誰もこれに成功した者がなかった。

高任は南部領内に仙人峠と呼ばれる険しい峠（標高八八七メートル）があり、この一帯で鉄鉱石がとれることを知っていた。これを使って洋式高炉を造れば、藩も豊かになれるに違いない。

高任は建白書を提出。地元の豪商・貫洞瀬左衛門《かんどうせざえもん》や小川惣右衛門に資金的援助を受けつつ、南部領上閉伊郡大槌通り甲子村《かみへいぐんおおつちとおりかっしむら》（現・岩手県釜石市甲子町）の「大橋高炉」を建設することとなる。

高炉は二丈、一丈四尺四方。人夫は延べ一万六千八百名余がかかわり、二万七千六百両余りを費やして、ついに成功をみた。安政四年（一八五七）十二月一日（太陽暦では一八五八年一月十五日）、ついに試運転に漕ぎつけた高任は、みごと鋳鉄《ちゅうてつ》に成功する。

この〝初出銑《しょしゅつせん》〟を祝して、後世、十二月一日は「鉄の記念日」となった。

しかし、高任はうかうかしていられなかった。遠くヨーロッパでは、すでにこの頃、製銑《せいせん》（高炉）から精錬《せいれん》（パドル炉）を経て、圧延という現代につづく鉄鋼の技術体系ができていた。日本は遅れていたのである。文久二年（一八六二）に幕府の命令を受け、箱館に赴任した高任は、蝦夷（現・

北海道）に石炭その他の鉱山開発のための坑師学校を設立。アメリカ人技師パンペリーと、火薬による採掘技術の研究に新境地《しんきょうち》を開いた。

明治維新を跨《また》ぐように、彼は盛岡藩に物産学・物理学・舎密学（化学）・医学ほか、語学を教える「日新堂《にっしんどう》」を創立。みずから「総督」（校長）となった。この学校からは、新渡戸稲造《にとべいなぞう》などが学んでいる。「民部省鉱山司《し》」（土木・駅逓《えきてい》・地理・鉱山・通商・聴訴《ちょうそ》などを司《つかさど》る省の中で、鉱山関係を担当する部局）の鉱山権正《ごんのせい》に任ぜられた高任は、明治三年（一八七〇）坑（工）学寮創設を提唱し、ときの民部大輔《みんぶたいふ》・大木喬任《たかとう》の賛同を得て、同十二月に工部省が創られ、さらに翌四年には省内に工学寮が新設された。これがのちの東京大学工学部である。

明治四年の岩倉欧米視察団の一行にも高任は加わり、実地に欧米先進国を視察した。

同二十三年（一八九〇）、彼はそれまでの業績を評価され、「日本鉱業会会長」となっている。晩年は那須《なす》にこもってワインの国産化を計画。百数町歩のブドウ園を開設し、大量国産化に成功したが、こちらは長つづきはせず、明治三十四年三月二十九日、東京本郷の自宅で息を引き取った。七十六歳。なお、彼の長男・道太郎《みちたろう》は、官営八幡製鉄所の初代技術部長となっている。

蘭学・ラテン語・仏語・英語と外国語に堪能《たんのう》であった高任は、生涯、東北弁のまじった日本語を話したという。

1826〜1901

寸善尺魔の暁に成った石油王・石坂周造

「寸善尺魔《すんぜんしゃくま》」

というたとえがある。

人生は幸福に酔いしれる時は短く、一寸先は真っ暗闇だという。どこに茨《いばら》の道が待ち受けているかも知れない。逆にみれば、障壁をどのようにして突破するか、が成功の要諦ともいえそうである。

三流の志士として、『明治維新人名辞典』（吉川弘文館刊）にもその名をとどめ得なかった、石坂周《いしざかしゅう》造《ぞう》の人生を追ってみると、このことが、きわめて実感をともなって理解できた。

天保三年（一八三二）、信州の桑名川村（現・長野県飯山市桑名川）に生まれた周造は、六歳のとき飯山の英岩寺《えいがんじ》に預けられ、「天海」と命名されたという。十一歳で師僧とともに高源院に転じ、嘉永元年（一八四八）、十七歳のおりに、ふざけて覆面抜刀して和尚をおどし、それがもとで寺を追放された。やむなく周造は出府、町医者の立川宗達に雇われるが、のちに幕府奥医師・石坂宗哲の養子になったという。もっとも、周造が出府したころには、宗哲はすでに他界しており、宗哲の実子もいた。彼の独白を、額面どおりには受けとりにくい。

――嘉永六年、ペリーの来航で黒船騒動が勃発した。

周造は幕府の措置が手ぬるいと憤激、幕閣要人の暗殺を企てるが、事前に発覚。変装して京へ逃れたものの、ついに捕吏に追いつめられ、割腹したが未遂におわる。まもなく京を脱出して、関東へ下った。彼が世に出るのは、幕末の惑星・清河八郎《きよかわはちろう》との出会いが端緒となったようだ。両名は意気投合し、周造は清河を介して、山岡鉄太郎（鉄舟）をはじめ、安積五郎《あさかごろう》、益満休之助《ますみつきゅうのすけ》らとも親しく交わる。その後、牢屋を出たり入ったりの人生を送った彼は、文久三年（一八六三）四月、清河が幕府見廻組の佐々木只三郎の手によって暗殺されたおり、周造はその凶変を知ると、暗殺現場へ急行。とっさの気転で、清河の首級と懐中の志士連判状を、奉行所の役人の前で奪い去った。

この武勇伝が唯一、彼の幕末の名場面ではなかったろうか。

のちに周造は、鉄舟の義妹（桂子、高橋泥舟の末妹）を娶ったが、明治維新を境に政治から遠のき、実業界へ転身。国家に益する事業を手がけるべく、決意を新たにする。

物変わり星移る開花の天　人情一変し従前に異なる
当時（今）富国強兵の策　千戈《せんか》にあらずして貨泉にあり

彼の賦した詩の一部である。

最初に周造が目を付けた「貨泉」は、捕鯨であった。

平時は捕鯨産業によって国に貢献し、有事の際には捕鯨船を兵役に役立てる、との構想であった

1832〜1903

とか。ところが、その計画をすすめている最中、長野県の島田龍斎という人物が、一瓶を持って、周造のもとを訪れた。瓶の中味は信州産・石炭油（灯油）だという。もとより周造は、石炭油のなんたるかを知らなかった。が、偶然、同席した宣教師タムソンから石炭油の重要性を教えられ、瞬時に捕鯨業の計画を捨て、あっさりと石炭油事業に転向する。が、持参した龍斎は、碓氷《うすい》越えの際に託された瓶を落として割ってしまっており、そのまま引き返すわけにもいかず、

「石炭油なら、何処のものも同じであろう」

横浜へ回って、舶来の石炭油を買い求め、それを持ってきたのである。

周造は、アメリカに産する石炭油が、国内でも埋蔵されていると聞き、喜び勇んで、資本金三万円で長野石炭会社を設立。明治五年（一八七二）には資本金を十五万円に増資、技師にアメリカ人のアンプロス=C=ダンを招聘、大掛かりな機械掘りを開始した。

だが、原油の「くそうず」は出ないばかりか、技師のダンまでが技術未熟者と判明、採掘は暗礁に乗り上げてしまった。それでも周造はあきらめず、華族からの資金を募り七十五万円を資本にして、強気の経営に徹したものの、ついには失敗におわる。

挙句、ダンからも損害賠償を請求されて裁判沙汰に――。

会社は破産。多額出資者の華族たちは、出費金全損の打撃から、なかには強制執行に見舞われる者、割腹自殺をする者など、被害者が続出した。とりわけ山岡鉄舟（子爵）の債務は膨大で、その

死後にまで残ったといわれている。

周造は三万円（今日では二億円以上か）を工面しなければ、どうにもならなくなって東久世通禧《ひがしくぜみちとみ》に交渉したが失敗。つづいて岩倉具視《いわくらともみ》を訪れると、ダンの問題を〝日本の国辱〟として、国際的紛争解決のためと説き、見事、融資をとりつける。

明治十一年、周造は社長の職を辞し、翌十二年には静岡県相良に移り住んだ。もはや事業欲は失せたか、と周りの誰しもが思った明治二十五年――突如として周造は、新潟県の西山油田に進出。またしても、さまざまな失敗や試行錯誤をくり返したのち、同三十二年、鎌田地区で石油井の発掘に成功、ようやくにして面目をほどこした。

石炭油の事業を志して二十九年、まさしく執念の成果であった。

好運にも石油のブームは高揚期に入っており、新油田開発の成功は高く評価され、全国から業者が殺到した。周造は手持ちの鉱区を有利に売却し、多年の経済不如意の身から一躍、大尽となった。

老境にいたった周造は、ときおり訪れる人に胸をはり、

「事業とは、一寸先の闇との格闘じゃよ。もうだめだと思えば、決して先へは進めぬもの。一にも二にも、突破口を見つけ出すことじゃ」

声高らかにいったという。

明治三十六年五月二十二日、周造は七十二歳で、その波乱に満ちた生涯を閉じた。

1832～1903

わずか八年で歴史に名を刻んだ大警視・川路利良

この人物——川路利良《かわじとしよし》のことを述べるのは、鹿児島の人々にとって、いささか複雑な思いを抱かせるかもしれない。が、この人がいかにも薩摩隼人らしい英傑であったことを知ってほしいがために、あえて彼の生涯に触れねばならない。

平成十一年(一九九九)十月十三日、鹿児島県警本部前、大通りに面した場所で、川路の銅像の除幕式が行なわれた。ちょうど、彼の没後百二十年目にあたった。

式典の席上、川路の玄孫である川路利永《としなが》氏は、

「これで利良は郷里に戻った。恩ある西郷(隆盛)さんのもとに帰ってこれた」

と感慨深げに語ったものだ。生まれ故郷に、明治の功臣が戻ってくるのに百二十年を必要とした——これがまさに、川路の真骨頂かもしれない。

明治維新をむかえた日本は、優秀な若者を競わせるようにして、欧米先進国へ旅立たせた。彼らは、世にも幸福な男たちであったといってよい。法律であれ、経済であっても、わが国に導入する必要がある、と彼らが判断すれば、何でも——それが断片であっても——日本へ持ち帰り、移植することができた。無論、帰朝した者は移植した分野の、第一人者となって君臨することができた。川路利良もまた、こうした一群の一人であったはずなのだが、彼が日本へ持ち帰り、根づか

せようとしたものが、パリ警視庁のポリスを模範とした東京警視庁であったことから、彼の未来は大きく様変わりしてしまう。

なにしろ、明治日本の警察機構は、あまりに前途が多難でありすぎた。まず、国民がポリス＝警察官を、これまでに見たことがない。徳川時代の与力・同心・岡っ引きなどは、決して民主的な存在ではなかった。まったく知らないものを認知させるには、どれほどの労力が必要であったろうか。

また、国内には新政府に不平・不満をもつ反政府勢力が跋扈《ばっこ》していた。警察を根づかせるためにも、川路は彼らと戦い、勝ち抜かねばならなかった。

大恩ある西郷に歯向かい、上司である大久保利通のためにも、薩軍と刺し違える覚悟を固めた川路――その決断にいたる半生もまた、凄まじいものであったといえる。

川路の死後、五日目に出版届けの出された『川路利良公傳』（川村艶吉《かわむらえんきち》・編　文會堂）には、

「鹿児島藩卒族の長子なり」

と明記されていた。卒族とは一般に、同心・足軽などの軽輩のことをさした。

天保五年（一八三四）五月十一日、鹿児島城下から三里（約十二キロメートル）はなれた鹿児島郡伊敷村比志島《ひしじま》村（現・鹿児島市皆与志《みなよし》町）に、川路利良は生まれている。通称は正之進。もとより、藩主に御目見得《おめみえ》の資格はなく、この階級からは、いかに英才が出ても藩政の要路に登用される、などということは皆無であったといっていい。

1843〜1879

見上げれば雲の上といってもいい上士の階級まで、川路が駆け上がるには、翼でもないかぎり不可能であったろう。川路は事変によって、その翼を得ようと考えた。上背は百九十センチ近く、剣にも自信があった。ときは幸い幕末――元治元年（一八六四）六月、前年の八・一八クーデターに敗れて、京洛を追われ、あるいは池田屋事件で同志を失った、長州藩や尊攘浪士たちが、巻き返しをはかって引き起こしたのが蛤御門《はまぐりごもん》（禁門）の変であった。

この一戦で川路は、二つの功名をあげていた。敵将・来島又兵衛《きじままたべえ》を狙撃するよう指示した軍功。いまひとつは、敵将・国司信濃《くにししなの》の家来で、長州誠意隊の剣の達者・篠原秀太郎《しのはらひでたろう》（忠孝《ただたか》）を激闘のすえに討ち取っている。これによって西郷・大久保に名前を知られるようになった川路は、鳥羽・伏見の戦いにはじまる戊辰戦争でも活躍。川路は男のいちもつを撃たれながら、奮戦している。

――これには、逸話が残った。

「そいにしてん、さすがは川路どんじゃ。よかか、もし、戦《いっさ》におそれをなしておれば、睾丸《キンゴロ》は縮こまって銃弾がそれこそ〝玉〟に命中しておったでごわしょう。それがダラーッちさがっておいもしたのは、そいだけ川路どんの肝が太かったからじゃごわはんか」

薩摩藩兵は戦勝の心地よさから、この一件を〝川路の睾丸《キンゴロ》〟と称し、しばらく酒の肴《さかな》に用いた。

――明治新政府は、どうにか成立した。しかし、国内の騒擾ぶりは幕末と変わらない。

そこへ、明治二年（一八六九）三月からの欧州留学をおえて、西郷の実弟・従道（信吾）が帰国してきた（明治三年七月）。彼はフランスに滞在して軍政の研究、併せて警察、鉄道なども視察していた。帰国後、まだ鹿児島にあった兄を訪ね、己れの見聞を熱心に語って聞かせた。

ポリスのことを聞いた〝大西郷〟は、薩摩藩の藩政改革で、生活に困窮することになった郷士の就職先になる、と考えたようだ。明治四年七月に、邏卒三千人が帝都に配備されることとなる。「廃藩置県」が行なわれ、司法省が誕生し、肥前佐賀藩出身の江藤新平がそのトップとなると、邏卒総長（六人）の一人となっていた川路は、邏卒の調査・研究に、欧米諸国への出張を命じられた。

本来、川路は軍人として大成したかったのだが、出身身分の低さゆえに許されず、邏卒総長の道を歩むことを余儀なくされてしまった経過があった。

川路は渡欧中、警察監獄の施設、組織、仕事の内容、給与などを調査し、文字通り寝食を忘れて勉強している。実際に見聞を広げるべく、パリの街を歩き回ってもいた。歩きまわって道に迷うと、川路はポリスをさがし、あらかじめ用意してあったフランス語のメモを出し、道順を尋ねた。

パリのポリスは、きわめて親切丁重であった。上品な微笑を浮かべ、手ぶり身ぶりで道を教えてくれた。ときには、目的地までつれていってくれることもめずらしくなかった。

（こいは質が高《たか》かぞ）

川路はそのつど、感心したものだ。

それにしても、この巨漢は大胆不敵である。ノートルダム寺院や凱旋門にすら普仏戦争やパリ＝コ

1843〜1879

ミューンの傷跡は見受けられ、他国からの労働者も多数、パリには入り込んでいた。

治安も悪化しており、物取り、強盗も出没している。そうしたパリの夜を、川路は言葉もわからず、地理も知らずに、当《あ》てずっぽうにほっつき歩いたのだ。もっとも、川路の手には太めのステッキがにぎられていた。ついこの間まで、戊辰戦争の砲煙銃雨の中を白刃を閃かせて駆けまわってきた男だ。薬丸派示現流の使い手である。他流も修めた。おそらく、物取りや与太者を〝恐ろしい〟などと思う神経そのものを、この男は持ち合わせていなかったのではあるまいか。

滞欧約一年、帰国した川路をまっていたのは、相次ぐ長洲閥による疑獄事件、大蔵省の解体＝内務省の誕生。征韓論争、西郷以下、江藤を含む参議（内閣の閣僚に相当）五人の辞職であった。

そして、明治七年一月十五日、鍛冶橋門内のもと津山藩邸に、東京警視庁が創設される。

新設の東京警視庁は、「警視長」ひとりを長官とし、その下に正権大少警視および正権大中少警部を置いた。府下を六大区に分けて、警視出張所を設け、これをさらに十六小区にわかち、計九十六（のち九十二）の邏卒出張所が設置される。

大半の警視出張所は、旧藩邸を使用。一月二十四日に川路は「大警視」に任じられた。

彼は五月に入ると「警視長」（月給三等で三百五十円）となったが、内務卿・大久保利通の行政改革の断行——ふくらみすぎた内務省を再編し、官庁を再統合、官員を整理する過程で、明治十年一月十一日、東京警視庁は廃止され、「警視局」となる。川路は十月十五日、「大警視」にもどった。

川路の職務への忠誠心は凄まじいばかりであった。

「大ナポレオン公（一世）は、一日三時間しか眠《ね》んじゃったと聞き申した。おいはそれほどの出来物ではごわはんから、せめてン、四時間は眠らしてもらいもす」

川路はそういい、本当に死ぬまで〝一日四時間睡眠〟を実践した。

揺籃期《ようらんき》の、首都警察の長官は多忙をきわめ、その激務は想像を絶している。

現に警視庁創設の前日＝明治七年の一月十四日午後八時すぎ、赤坂喰違見附で岩倉具視が襲撃され、九死に一生を得るという事件が起きていた。大久保は川路に、何としてもこの襲撃犯を検挙せよ、と厳命。川路は犯人逮捕までの間、不眠不休で捜査の陣頭指揮をとった。

打ちつづく、全国の不平・不満士族による反乱――佐賀の乱、神風連の乱、秋月の乱、萩の乱――そして西南戦争。川路は部下で鹿児島県出身の警察官を二十余名、帰省させ、暴発寸前の「私学校」から、親類縁者を離間させようとも画策した。これが一部では、西郷への刺客ではなかったのか、と疑われたが、筆者はそうは思わない。川路は常に、正々堂々とした男である。

西南戦争でも、開戦となるや、自ら別働第三旅団（のち別働第四旅団）を率いて戦場へ出ている。

九月二十四日、西郷は五十一年の生涯を城山に閉じた。

政府軍は勝利したが、翌年五月十四日、大久保が石川県士族に暗殺され、四十九歳でこの世を去ってしまう。心の支えでもあった大久保を失い、川路は二度目の欧州行きに旅立つが、四月三日、

1843～1879

朝にパリへついたものの、この日の夜からついに彼は寝込んでしまった。

一度、元気を取りもどしたかにみえた期間が、わずかながらあった。が、南方へ転地療養を行なったものの、病状はふたたび悪化。八月七日には帰朝することが決定した。同じ死ぬなら、日本の土を踏ませてやろう――周囲の意志が働いたようだ。

同月二十四日、マルセーユを出航した川路は、十月八日に故国の土を踏み、帰朝五日目の同月十三日、永遠の眠りについた。享年四十六。

川路は大久保同様、清廉潔白《せいれんけっぱく》の人で、およそ財産と呼べる貯蓄は皆無であった。

半生をわが国警察機構の構築・完成に賭けた一代の〝ぼっけもん〟は、その途上で斃《たお》れた。さぞ無念であったろう。川路の病気は肺結核だ、という人がある。毒殺されたのではないか、とまことしやかに述べる人もいた。ただ、きわめて明白なことは、川路の死後、この人物ほどに警察を愛し、その機構整備に執着し、情熱をかたむけた、維新生き残りの傑物は、二度と現われなかった。

川路が日本の警察機構にたずさわったのは、その生涯の中でわずかに八年にしかすぎなかったというのに――。

「大警視」はその後も、彼の代名詞となっている。

日本の郵便・宅配便事業を創始した前島密

近代日本に「郵便」が創業したのは、明治四年（一八七一）三月一日のことであった。〝日本郵政の父〟と呼ばれる前島密《まえじまひそか》（一八三五〜一九一九）が、近代日本の郵便事業を、ほぼ独力で立案し、わずかな歳月にこれらを実現に移していった。

この人は越後の出身、蘭方医から洋式兵学へ進み、慶応三年（一八六七）に幕臣となっていた。徳川家が静岡へ移住したおりは、遠州中泉奉行を勤めている。その後、新政府に仕えた。

当時、欧米列強に伍して、明治日本が生き残るためには、「富国強兵」「殖産興業」を大胆不敵に実行するとともに、一方では何よりも国民の意識を変える〝文明開化〟を理解させる必要があり、システムとしては中央集権化の構築が急務であった。

前島の立案した郵政事業は、その具体化の一方法論であり、たとえば同一の安い料金で、手紙が全国の津々浦々へ届く――このこと自体が、百の理屈よりも雄弁に、近代日本における〝文明開化〟の価値を語る、と彼はみた。情報の全国均一化、物価の全国規模における安定、教育の浸透――ひいては封建制度の解体を、前島はめざしたのであった。

しかし、新政府は財政難であり、新たな郵政事業を起こすにも、できるだけ支出を避けたいと考えた。そのため官界の大勢は、江戸時代からすでにある「飛脚屋」を使って、近代・民営化すれば

1835〜1919

よい、との論に傾いていた。

こうした状況下で、前島の革命的な〝新式郵便〟(国営)はスタートするのだが、その発端は実に些細《ささい》なことであった。

明治三年五月十三日、駅逓権正《えきていごんのかみ》の要職にあった前島は、一通の廻議書を検閲した。明治政府が東京―京都間を往復させた公用文書の、飛脚屋へ支払う運送費が書かれたものであった。

「一ヵ月に一千五百両(円)か、それにしても随分高いなァ……」

何げなく口にした前島だったが、彼はふと考えた。年間にして、一万八千両也。

「これだけの費用を使うならば、東京から京都をへて大阪まで、毎日一定の時刻に飛脚を差し立てられるのではないか」

これらの収入は、そのまま通信線路の拡張に使えるし、未発達地域を減らすことにもなる。

この前島のアイディアが〝新式郵便〟となって、明治四年三月一日に国営で創業された。

東京―大阪間の実験運行は、予想以上の成果をあげ、郵便事業は翌五年七月から全国的に実施の方針を決定する。

自らの住宅やその一部を局舎に提供した、地方の人々の善意で、「郵便御用取扱所」(のちの特定郵便局)は凄まじい勢いで全国に増えていった。

しかし、それまで日本の通信を担ってきた「飛脚屋」にとっては、〝新式郵便制度〟の実施は、そのまま自分たちの死活問題となる。彼らは郵便の廃止を訴えたが、その請願が達せられず、ならばと料金の大幅値下げを断行した。各地で郵便と飛脚の衝突が起きる。

「これはいかぬ」

前島は「東京定飛脚屋」の総代・佐々木荘助《ささきそうすけ》と会見を開いた。佐々木は二百六十年余もわが国の通信を担《にな》ってきた飛脚の功徳を述べ、

「お上においては、これを賞誉していただくべきを、かえってこの仕事を奪い取ろうとなさるのは、極めて道理に合わないことでございます」

きっぱりと、郵便の廃止を訴えた。

前島は佐々木に、次のようにいって聞かせたという。

「通信というものは国際上、貿易上に、また社交上においても極めて重要な仕事であって、国内は勿論《もちろん》、外国へも遍《あまね》く達すべきものである。これまでの飛脚のように、限られた地域にだけ届くのでは、この大目的に適しない」

飛脚は独自にコースを選定しており、届けにいかない地域も少なくはなかった。

また、上海やイギリス、アメリカなどへ本来、飛脚のシステムは走れるようにはできていない。

前島が強調したのは、通信の全国ネット化であった。主要都市だけを結ぶのではなく、全国どこからでも、どこへでも信書を送り、送られる体制。しかも安い価格で、誰にでも自由に利用できる

1835〜1919

制度でなければならなかった。

無論、天候にも関係なく、毎日定められた業務運行をおこなうことが、〝新式郵便〟の特徴だとも。

佐々木はこれらを聞いて、抵抗を断念した。

「とても、自分たちのやれるところではありませぬ」

と敗北を認めたものの、このままでは全国の飛脚屋が飯を食っていけなくなる。

「――何とかお救い下さる道を、お考え願いたい」

前島は佐々木に同業者の団結を説き、その団体に貨物の運送を担当させることにした。

明治五年六月、佐々木は同業者を集めて、「陸運元会社」を創業する。郵便物はもとより、郵便切手の全国への配送、各郵便局＝郵便取扱人で使用する用品、そして為替や貯金の資金の運送も行ない、国の保護のもと、「陸運元会社」は順調に成長していった。

明治八年二月、社名を「内国通運会社」と変更。やがて鉄道輸送の時代、トラックの導入、自転車の配達時代を経て、昭和十二年（一九三七）十月、同社は改めて「日本通運株式会社」となった。

これが現在の、〝日通〟である。

もう一つの維新の可能性・村田新八　①フロックコートとアコーディオン

明治十年（一八七七）二月十七日、鹿児島を進発した薩軍は、以来七ヵ月余にわたり、熊本・宮崎・鹿児島の三県を戦場として、政府軍＝官軍と戦った。

世にいう、西南戦争である。

この日本史上、最後の内乱は約六万の官軍に対して、薩軍及び同盟軍約三万が対峙した。

結果として、両軍併せて一万一千八百人が戦死、一万六千八百人の戦傷者を出している。

名目上の薩軍主将・西郷隆盛《さいごうたかもり》が、圧倒的な兵数・武器数で逆転攻勢に転じた官軍の哨戒線《しょうかいせん》を突破し、故郷の鹿児島へ戻って、城山に籠ったおり、したがう将兵は約三百名となっていた。

明治十年九月二十四日、多くの有為な人物が、西郷とともに城山の露と消えた。

ひとりの快男児もこのとき、弾丸の飛び交う中で立ち腹を切っている。享年四十二。

前夜、フロックコートに身をつつみ、愛用のアコーディオンを奏《かな》でた彼は、西郷が別府《べっぷ》晋介《しんすけ》に介錯を命じ、その生命《いのち》を絶った瞬間、

「ああ、天なり」

と、呻くような一言を口にした。

「ああ、これで明治維新のもう一つの可能性はついえた」

1836～1877

――いささか直截《ちょくせん》的ないい方だが、筆者にはこのときの彼の言葉が、そういう意味であったように思われてならない。

と同時に、彼の死は、当時の明治国家の未来をゆるがす大問題ともなった。

薩軍の将領として、二番大隊指揮長をつとめ、敵味方から惜しまれながら逝った好漢《おとこ》の名を、村《むら》田新八《たしんぱち》という。

「かれは暴徒にあらず、西郷、大久保に次ぐ傑物なり。惜哉《おしいかな》、雄志を抱きながら、不幸にして賊名を負うとは――」

毒舌で鳴る旧幕臣の勝海舟《かつかいしゅう》が、大真面目にその死を嘆いたのでも明らかなように、村田は衆目の一致するところ、西郷とときの内務卿・大久保利通《おおくぼとしみち》――この二人の、正統な後継者であった。

それにしても惜しい人物を、日本近代史は失ったものだ。

村田新八は天保七年（一八三六）十一月三日、薩摩城下の薬師町に、高橋八郎の三男として生まれている。西郷より九歳年下、大久保より六歳の年下であった。

ちなみに、西南戦争をともに戦った一番大隊長の篠原国幹《しのはらくにもと》は同じ歳、薩軍の事実上の指揮をとった桐野利秋《きりのとしあき》（四番大隊長）は二歳の年下である。

幼い頃、高橋家から村田十蔵の養嗣子《ようしし》に乞われたのだが、この村田家入りが、彼の生涯を決定づけたといえなくもない。

村田家は城下を貫流する甲突《こうつき》川の東岸、下加治屋町にあった。
ここは下級藩士の集落で、西郷・大久保に加え、西郷の弟・従道《つぐみち》、西郷の従弟で日露戦争時の満州軍総司令官・大山巌《おおやまいわお》、また同じく連合艦隊の司令長官をつとめた東郷平八郎《とうごうへいはちろう》などの将領が輩出した地域であった。

薩摩藩には、「郷中《ごじゅう》」教育という、独特の制度があった。武勇を尊ぶ同藩では、泰平の世で〝武〟の衰えるのを恐れ、藩を挙げて青少年の育成に力を入れていた。

地域別（方限《ほうぎり》）の〝郷〟を単位に、青少年の自治・修養組織を編成し、相互に切磋琢磨させたのだが、ここでとりわけ重要視されたのは、学問を磨き武を練り合うよりも、「心の爽《さわ》やかさ」を求め、培おうとした一点で、これは他藩の青少年教育と比べ、理念に大きな差異があった。

換言すれば、潔さと勇敢さ、弱者へのいたわりといった寛容に通じるすべてを、身をもって知らしめ養うもので、学問よりもこの三つが薩摩藩ではなによりも尊ばれた。

したがって、臆病を最も卑しみ、嫌忌《けんき》するのも、「郷中」の大きな特徴であり、弱者へのいたわりのないものは、仲間うちでも軽蔑された。

加えて薩摩藩には、他藩にない独自の剣法・示現流《じげんりゅう》（あるいは分派の野太刀自顕流＝薬丸示現流）のあったのはよく知られている。

——一ノ太刀で勝ちを決し、二ノ太刀を顧みない。

1836〜1877

なんとも凄まじい剣法だが、薩摩藩では郷中制度にこの示現流の修行を組み込み、少年時代から心身の剛毅《ごうき》を育《はぐく》んだ。

この「郷中」は、「二才《にせ》」（元服以後、妻帯するまでの青年）が、元服前の幼・少年を指導する形がとられ、最年少の六歳から十歳までを「小稚児《こちご》」、十一歳から十四歳までを「長稚児《おせちご》」と呼んで区別した。

『西南紀伝』の記述が正しければ、村田新八は自らの「郷中」で西郷、大久保らと出会う。

そして、西郷と村田が論争し、やがて取っ組みあいとなり、九歳年上の西郷が村田を組み伏したにもかかわらず、村田は自説を主張し、かえって西郷にその勇気を認められたエピソードが生まれた（村田の下加治屋町入りは二十歳以降とする説もある）。

いずれにせよ西郷は、村田の将来に、大いなる期待を寄せるようになった。「智仁勇の三徳を兼備したる士なり」と村田を語り、周囲の人々に彼を模範とせよ、とまでいったという。

「人となり状貌魁偉《じょぼうかいい》、身長六尺、眼光炯々《けいけい》人を射《い》る。而《しか》も挙止深沈にして大度あり」（『西南紀伝』）といわれる人物に、村田は育った。

そして、幕末の混乱期、彼は常に西郷の傍《かたわ》らにあって国事に奔走した。ときには、新撰組などとも斬り結んでいる。

もう一つの維新の可能性・村田新八　②独立の気概

文久二年（一八六二）六月、主君筋の島津久光《ひさみつ》（藩主忠義《ただよし》の実父）の怒りを買い、西郷が徳之島からさらに沖永良部島《おきのえらぶじま》へ流されたおり、村田も喜界島《きかいじま》（鬼界ヶ島）へ遠島の憂きめに遭った。二十七歳の彼は、流刑生活を一年八ヵ月おくったのだが、ここで「自若従容」として、己れを磨くことに専念したという。

西郷と書状の交換ができるようになると、二人で日本の現状の分析、将来について冷静沈着、客観的に予想し合う作業をしている。

ほどなく、幕末の動乱が二人を必要とし、喜界島へも赦免を伝える使者がやってきた。西郷真吾《しんご》（従道）であった。〝大西郷〟と大久保を囲むように、村田、従道、大山巌らが薩摩藩を実質動かし、ついに明治維新はなる。

だが、〝ご一新〟の理想は遠く、幕府を倒してできあがった新政府は、決して西郷の納得のいくものではなかった。

一度、国許へ引っ込んだ西郷を、大久保と岩倉具視が勅旨をたずさえて訪問。このとき西郷は、二十五ヵ条からなる改革意見書を岩倉に提出した。この準備にあたったのが、村田であった。

村田はこれからの日本のあり方について、西郷が認めていた春日潜庵《かすがあんせん》（儒者）と津田出《いずる》（紀州藩

1836〜1877

執政）らを訪ね、その意見を聞いている。ほかに、旧幕臣の勝海舟や大久保一翁《いちおう》、維新前夜には、坂本龍馬や中岡慎太郎にも村田は会い、多くのことを学んでいだ。

参議・近衛都督・陸軍大将（一人）――新政府最大の権力者となった西郷は、村田を宮内大丞《くないだいじょう》として朝廷へおくりこみ、英邁な明治天皇の補佐を命じている。

おそらく、西南戦争に従軍しなければ、村田は間違いなく、大久保暗殺後、長州出身の伊藤博文《いとうひろぶみ》を抑えて、初代の内閣総理大臣となっていたであろう。

征韓論による分裂の後、村田が官職を辞して故国へ帰ったとき、それを知った大久保は、きわめて大きなショックを受けている。

一般に西南戦争時、西郷を擁した薩軍の将領たちは、国際情勢に疎《うと》かったといわれたが、ひとり村田のみは例外であった。彼は明治四年、岩倉使節団の一員（理事官随行員）として欧米諸国を歴訪し、己れの目で西洋文明をみている。しかも、その態度は実に立派であった。

使節団がアメリカに到着するや、一行の多くの者は、渡海前に急いで誂《あつら》えた古洋服を捨て、本場の洋服を新調したが、そうした中で村田は、日本から着てきた洋服を替えようとはしなかった。

周囲の者が理由を尋ねると、

「自分は、欧米文明のうわべを見にきたのではない。根元を知り、日本の精神を豊かにするためにきたのだ。衣服などは、どうでもいいことである」

笑って答えたという。

皮肉なことにこの村田は、一行の中でも長身で、他の誰よりも洋服が似合った。

西南戦争で奏でたアコーディオンもこのおり購入したもので、器用な彼は日本へ帰る頃には、自在に演奏できるまでに独習を積んでいた。

「西洋人に比べて、薩人には独立の気概《きがい》が欠けているのではないか」

死の直前、村田がまるで遺言のごとくに述べた言葉は、彼が欧米文明の根元を、今日風にいう「自我」の確立と、とらえていたことをうかがわせる。

栄達を約束され、十二分に応えられるだけの見識を持ちながら、村田はあっさりとすべてを捨て、長男と二男をもひきつれて郷里へ戻った。桐野利秋、篠原国幹らと私学校の経営に携わり、とくに砲隊学校の監督に任じている。国家官僚から私学校の監督――これほど劇的で潔《いさぎよ》い出処進退も、日本史上例が少ないのではあるまいか。西郷の決起を促すべく、多くの人々が鹿児島にやって来た。

多くの場合、代わって応対したのは村田であった。

「西郷《うど》さァにもう一度、政権を取らせて、今とは違う維新をおこないたい」

そういう意味のことを村田はいいつづけた。

「富国強兵」「殖産興業」に代表される、大久保の近代路線以外に、村田は別な路線を心に描いていたようだ。それがいかなるものであったか、筆者はここにもう一つの明治の可能性を感じるのだが、

1836〜1877

村田はそのことについて、何一つ書き残していない。

「日本にとって、西郷《うど》さァはなくてはならんお人じゃ」

それればかりをくり返した。

彼はそういいながらも、心底では西郷の滅亡を予感していた形跡すらあったように思われる。なろうことなら西郷に、アジア的な道義立国＝「敬天愛人」の理想を実践させてやりたい。自分はこれを補佐し、加えて「個＝自我」の確立につとめよう。その具体策も胸中にある。

もし、それがかなわぬなら、一緒に死ねばいい。幕末の動乱期、生死をともにした仲なのだ。あとは大久保さァがいる。この世に未練は持つまい。

西南戦争の勃発に際して、村田は最後まで薩軍出兵に反対した。西郷以下、おもだった者が軽装上京し、政府の非を鳴らせば事はたりる、と彼は主張したのだが、軍議は桐野主導で熊本城攻撃に決してしまう。

村田のいる戦場では、夜になると心にしみるアコーディオンの調べが戦野に響いた。

これを聞いた将兵は、敵味方の別なく涙しないものはなかったというが、さて、村田本人の心中はどのようなものであったろうか。「近代」日本は、実に惜しい薩摩人を失ったがわけだが、はたしてその損失に気づいている日本人は、どれほどいるであろうか。

龍馬を模倣して出世した土居通夫

天保八年（一八三七）四月二十一日、伊予国宇和島藩十万石の、足軽の家に生まれた土居通夫《どいみちお》は、十二歳から本格的に居合術の修行を始め、二十二歳で田宮流の免許皆伝を得た。

「剣客として世に出たい」

志をもつ彼の居合術の腕前は、いつしか藩内で一、二を競うまでになった。剣名は近隣に知れわたる。だが、土居の日々鬱々《うつうつ》とした感情は、決して朗らかなものにはならなかった。

自分でも何故そうなのか、わからないだけに始末が悪かったともいえる。

そんな土居の前に、ひとりの長身体軀の剣術使いがぶらりと現われた。彼が二十六歳のとき、正確には文久二年（一八六二）のことだという。

背の高い、色の黒い浪人風の男は、

「土佐藩脱藩　才谷梅太郎《さいたにうめたろう》」

と名乗った。剣の技は見事であったとも、土居の方が上であったともいう。

それよりも重大なことは、この才谷には他人《ひと》を惹きつける魅力があったことだ。つい土居は、己れの心中を語ってしまった。そのうえで、自分はなぜ、日々、楽しめないのでしょうか、と尋ねた。

才谷は「目的と手段を混同してはいけない」と説いた。

1837～1917

――剣の修行は本来、それ自体が目的ではなく、何事かを成す手段にしかすぎない、というのだ。

それまで、剣の修行イコール目的と考えてきただけに、土居は目から鱗《うろこ》の落ちる思いがした。

「君も、国事に奔走したまえ」

才谷は日本の行く末を考え、行動せよ、との新しい〝勤皇〟という目標を示してくれた。希望と誇りがあれば、他のいかなることも可能となる、とも語った。

土居は一度で、この人物に魅了されたようだ。彼は才谷を真似て慶応元年（一八六五）、ついには宇和島を脱藩した。もう二度と藩へは帰れないのだが、土居に後悔はなかった。

それどころか、いつしか憂鬱が嘘のように晴れている。時代はまさに、動乱の真っただ中であり、勤皇と佐幕、開国と攘夷――こうした争いは、日を追って激しさを増していた。

腕に自信のある土居のこと、さぞや京洛の巷《ちまた》で暴れたのか、と思いきや、彼は京に潜入したものの、町人の高利貸しの手代に身を変え、俳諧をやりながら情報収集に専念する。それでも剣の上手を見込まれて、新撰組から勧誘されたこともあった。

「時代の流れは、少数の人間がいくら足掻《あが》いても、どうなるものでもない。自然に、全体が変革を受け入れる土壌にならなければだめだ」

土居は、才谷の教えに近づくべく、懸命に己れを磨いた。彼は才谷の言動をそれらしく模倣するだけではなく、歩き方まで真似をしたという。

第三者からみれば、滑稽以外の何ものでものなかったが、人間は本来、〝学ぶ〟は〝真似ぶ〟から始まるもの。模倣を通して〝人物〟が形成されることも、また事実であるらしい。ついでながら、才谷梅太郎は明治維新の英傑・坂本龍馬の変名であった。

　龍馬は維新の夜明けを見ず、その直前にこの世を去ったが、土居は無事に明治を迎え、五代友厚《ごだいともあつ》の下で大阪運上所への出仕を手がかりに、外国事務局御用掛助勤《じょきん》を経て大阪府権少参事、鉄道掛となったのが明治三年（一八七〇）――。のち司法省に出仕して活躍し、豪商・鴻池《こうのいけ》家の家政改革を依頼されたのは、四十八歳のときであった。

「司法畑の者に、旧家の整理や再建がやれるだろうか」

　全権を委任されながら、土居の中には躊躇があった。が、彼は、鴻池の実情をつぶさに調査・検討することからスタート。この豪商の衰運の根元が、三百年以来の〝伝統〟そのものにあることを突き止める。

　土居は再建＝近代化を、まず、鴻池家の分家・別家の別なく、老けきった経営感覚の覚醒からはじめ、しかるのちに経営全体にメスを入れることを進言した。つまり、荒治療に耐えられる「鴻池」の体力＝気風をまず養う。そのうえで、ゆるやかな改革をすべきだ、というのである。

　一般に改革、再建といえば、急激な手段をもちいるものだが、土居はかつて坂本龍馬に学んだことを忘れず、目的と手段を混同することなく、鴻池家の新しい土壌づくりを第一に考えた。

1837～1917

彼が具体的に着手したのが、「鴻池家憲法」の作成（明治二十二年）であった。

「先代数君の家訓は、新しい世情に副《そ》わぬところもあるので、実情にあった家訓を……」

といって、全文五十四カ条の家憲を制定、鴻池家全員の体質改善をはかった。

そして明治三十二年、頃合いを見計らっていた土居は、当主・十一代善右衛門《ぜんえもん》（幸方《ゆきかた》）に進言すると、鴻池銀行の再建のため、銀行経営を積極的に推進できる新しい人材を向かえ、いよいよ「鴻池」再建へ本格的な改革に踏み切った。

ちなみに、明治三十年、鴻池銀行の預金高三〇〇余万円、貸出金高四五〇余万円は、同三十九年には、それぞれ三一〇〇余万円、二九〇〇余万円と飛躍的に伸張した。

明治三十年当時、全国の普通銀行に占める預金、貸出金に対する鴻池銀行のシェアは、前者が一・五％だったのが、同三十九年には三・〇％、二・六％にまで伸びている。

土居は鴻池家を期待通り見事に再興し、以後、大阪電燈会社（現・関西電力）を設立。日本生命や京阪電気鉄道の経営にも参画し、晩年は大阪商業（工）会議所会頭をつとめ、関西経済界の指導的役割をになった。

「私が今日あるのは、坂本先生のおかげです」

土居は晩年、すでに〝クセ〟となっていた、龍馬が得意の懐手をしながら、親しい人々に語ったと伝えられる。享年は八十一であった。

薩摩の理想的軍政家・桐野利秋

薩摩の地でよく使われた諺《ことわざ》に、

「泣こかい、飛ぼかい、泣こよかひっ飛べ」

というのがあった。

この言葉には、鹿児島県人のルーツともういうべき薩摩人が、江戸時代を通じて理想とした好漢《おとこ》の姿——潔さと勇敢さ、逆にいえば臆病を最も忌み嫌ってきたエッセンスが、実にわかりやすく語られている。

筆者のもつ桐野利秋《きりのとしあき》のイメージは、この諺でいえば、「泣こかい、飛ぼかい」と問われて、泣きやむことなく、泣きながらひっ飛んだ好漢《おとこ》の姿であった。

もっとも、鹿児島県人でも、この人物を誤解している人は今なお少なくない。

最大のものが、彼をして西郷隆盛の手下——命令一つで無条件に従う、とされた虚像であろう。

同様に、桐野には学問がなく、字の読み書きすら満足にできなかった、という逸話である。

彼の友人として、ともに幕末動乱を生きた中井弘《なかいひろし》（のち滋賀県・京都府知事）は、

「桐野は西郷の乾分《こぶん》でもなければ、西郷は桐野の親分でもない。桐野は只一箇《ただいっこ》の棟梁株《とうりょうかぶ》なのだ」

と評している。

1838～1877

また、文盲ごとくいわれる桐野には、『京在日記』と題する、慶応三年（一八六七）九月朔日《ついたち》から、十二月十日までの自筆の日記も現存していた。

——桐野は決して中味のない、三流の人物ではなかった。

彼を後世の人々に、そして鹿児島県人に誤解を与えたのは、一《いつ》に〝人斬り半次郎《はんじろう》〟という異名であった、と筆者はみている。その生涯をみながら、あやまった桐野像を訂正したい。

天保九年（一八三八）十二月、この人物は城下のはずれ鹿児島郡吉野村実方《さねかた》（現・鹿児島市吉野町）に生まれている。四方を山に囲まれた、低地であった。

名を中村半次郎《なかむらはんじろう》利秋といい、通称は信作。家禄はわずかに五石。家柄は城下士（上士）の十階級の九番目、西郷や大久保と同じ御小姓与であった。彼を下士（外城士《とじょうし》・郷士）に分類したものがあるが、城下士とはいえ、その生活はほとんど郷士とかわらず、「唐芋侍《からいもざむらい》」と蔑称される、鋤鍬《すきくわ》をふるう農業従事の生活であった。中村家では夜、紙も漉《す》いていたようだ。

ついでながら、なぜ「桐野」が「中村」になったのか、述べておきたい。

半次郎から十代前に「桐野九郎左衛門」という人がいた。この頃、桐野家は樋脇《ひわき》（現・薩摩川内市）の郷士であり、その後、五石の知行を受ける城下士に昇格した（九郎左衛門の、子孫の時代ともいう）。「桐野」が「中村」に変じたのは、平田太郎左衛門尉増宗《ますむね》という家老が政権を壟断《ろうだん》し、藩主・島津家久《いえひさ》の刺客・押川強兵衛《おしかわごうべえ》に暗殺されるという事件があった。この時、「桐野」が押川の道案内をつとめたという。おかげで、褒賞二十石を加増されたが、平田家の人々に生命《いのち》を狙われることとなり、これを期に「中村」と改姓。

その後、藩の財政破綻により二十石を召しあげられ、五石にもどったという。その五石も半次郎が十五歳のおり、父が仕事上での失態をとがめられ、徳之島に流罪となってからは、停止してしまった。

こうした極貧の環境の中で、どうやら中村半次郎は僻地ゆえに、郷中制度の恩恵にも、預かることが少なかったように思われる。

学問は同じ集落の、別府四郎兵衛について修め、剣＝示現流はもっぱら自習であった。家のまわりの立木を敵に見立て、「朝《あした》に三千、夕《ゆうべ》に八千」裂帛の気合をこめて懸命に打ち込んだ。

時代の子でもある彼は、当然のごとく尊皇攘夷を志すようになり、思い切って、すでに名前の知られていた西郷のもとをたずねた。西郷は半次郎より、十一歳年上である。

このとき半次郎は、土産に自作の唐芋三本を持参した。その頃の彼にとって、己れの食い扶持をけずってのものであったろう。

ところが、それをみた西郷の弟の一人が、この土産の粗末さに思わず笑った。

すると西郷は、

「土産に良いも悪いもなかぞ。半次郎どんのような貧苦の者の厚志に、俺《おい》は如何《いか》に酬《むく》いるべきか……。

1838〜1877

おはん、笑うとは何事な」

嗜《たしな》め、叱った。

のちにそれを聞いた半次郎は、感涙に咽《むせ》んだという。

はじめて、己れを理解してくれる知己にめぐり会えた、この感動を生涯のものとし、以来、西郷と行動をともにする。しかしそれは藩士としての上下関係をともなったものの、決して親分・子分的なものではなかった。その証左に、半次郎は西郷を盟主とする精忠組に参加していない。

維新後に「桐野」となる半次郎は、自身で語っている。

「自分は死ぬべき場所に死ぬことのできん奴だ。自分を死ぬべき場所で死なせてくれる人は西郷である。そのため、一生離れることはできん」

文久二年（一八六二）三月、二十五歳の半次郎は、国父・島津久光の武装上洛の一員として、はじめて京洛の地に姿をあらわした。

このとき彼は、中川宮朝彦親王《なかがわのみやあさひこしんのう》の護衛を藩に命じられ、京都に残留している（西郷と村田新八が召還のうえ、流罪に処せられたのはこの年の四月）。

半次郎は独自に、長州藩士たちと交際をはじめる。彼はもともと尊皇攘夷が持論であり、花の都に出てきて、生まれてはじめて日々の生活を考えなくてもよい境遇——三度三度、ごはんの食べられる生活——に身をおいた。いささか、有頂天になっていたことも否めない。

「な〜ン、こんキンカンの御守護は俺《おい》一人でよか」

といわれるのはこの時期だが、彼はわざとシャレでそんなことをいい、周囲を笑わしたのではないか。

禁闕《きんけつ》＝朝廷を「キンカン」と呼んで顰蹙《ひんしゅく》をかった、との佐土原藩士・富田通信の証言が残っている。

一方で半次郎は藩邸を出るとき、いつもにぎりめし二個を懐《ふところ》に入れていた、と問う富田に、半次郎は、

なぜそんなことをするのか、と問う富田に、半次郎は、

「飢え死に寸前の者が多いが、俺《おい》にはどうすることもできん。せめてにぎりめしを口に入れてやれば、たとえわずかな時間なりとも、生きのびられるかと思うてのォ……」

ここに、この人物の真骨頂があった、と筆者は見ている。

幕末史は半次郎の護衛した中川宮の画策もあり、文久三年八月十八日の政変となって、会津と手を結んだ薩摩藩の力で、長州勢力を京都から駆逐することに成功する。

このおり、薩摩藩にあって、黒毛を植えた兜をかぶり、長刀をふりかざして、長州勢の真正面に立ったのが半次郎であった。その凄まじい威圧感に、長州勢は退散した、との説もある。

半次郎はそうした半面で、混乱する長州藩への探索を藩より任じられたり、水戸の攘夷派・天狗党と美濃で合流したり、藩命の探索を越えて、攘夷のための上洛を語った可能性があった。

さて、〝人斬り〟についてだが、幕末、特に有名な〝人斬り〟は四名いたとされる。肥後の人斬り彦斎《げんさい》（河上《かわかみ》彦斎）、薩摩の人斬り新兵衛《しんべえ》（田中新兵衛）、土佐の人斬り以蔵《いぞう》（岡田《おかだ》以蔵）。

1838〜1877

それに加えて、〝人斬り半次郎〟が入るそうだが、実は半次郎を加えた四人は、後世のもので、同時代の証言では〝人斬り三羽烏〟として、前の三人の名があげられていた。

いずれも卑賤の出身であり、テロ行為をおこなったというのだが、かりに〝人斬り〟が刺客とイコールなら、半次郎は〝人斬り〟とはいえないのではないか、と筆者は疑ってきた。

確かに、勝海舟の弟子でもあった、西洋流兵学の赤松小三郎《あかまつこさぶろう》（上田藩士）を、佐幕派の間者と断じて斬ったのは、半次郎であった。その日記にある。

が、彼は半年の探索の末に暗殺を決行しており、維新後にはこの行為は過《あやま》ちだった、と夜な夜なうなされたとも。筆者はむしろ、尊皇攘夷の立場から行動に出たもので、天狗党の行動同様、藩命をこえた私情が、そこにあったように思われてならない。

その証左に、薩摩藩が西郷を中心に江戸で行った、謀略戦＝薩摩御用盗事件のメンバーに、半次郎は選ばれていない。

むしろ藩の外交面を担当しおり、坂本龍馬と中岡慎太郎が暗殺され、東山霊山《りょうぜん》に葬られた当日、早くも墓参りに訪れている。

また、新撰組から分裂した、伊東甲子太郎の一派＝御陵衛士との交際も、薩摩藩では彼が担当していた。

鳥羽・伏見の戦いでは、伏見方面に参戦。その後は、小田原方面への探索に出動している。上野寛永寺から西進してきた輪王寺宮《りんのうじのみや》一行との応接にあたったのも、半次郎であった。

江戸無血開城が話し合われた池上本門寺でも、高輪の薩摩藩邸でも、半次郎は同席している。

上野彰義隊が敗走した後、残党三人に斬りつけられた彼は、手指を斬りつけられ、復帰するのに約三カ月をようしている。

幕末維新史上、この人物を有名にしたのは、〝人斬り〟としての活躍ではなく、むしろ、軍監として参加した会津戦争であった。

九月二十六日付で官軍戦勝の報告書を書いた半次郎は、会津鶴ヶ城の開城、城受け取りを見事にやってのけた。その堂々たる作法をほめられると、彼は、

「なアン、愛宕《あたご》下の寄席で覚えただけじゃ」

と一笑したというが、忠臣蔵の芝居をみただけでは、そうはいくまい。

明治二年（一八六九）六月二日、新政府の軍功賞典禄《しょうてんろく》の発令により、半次郎は二百石を賜っている（この時、西郷は二千石、大久保は千八百石であった）。

西郷と藩政改革に従事した彼は、城下常備隊一番大隊長となり、〝御親兵〟（のちの近衛兵）の大隊長となって、上京した明治四年の七月、兵部省出仕を仰せつけられ、いきなり陸軍少将となった。

姓が「桐野」に変わったのは、この頃。桐野を屯田兵＝箱館鎮台の司令官にしてはどうか、との議論が起きた。

1838〜1877

翌明治五年三月には、鎮西《ちんぜい》（のち熊本）鎮台の司令長官として現地へ赴任。明治八年には、征韓論をめぐって西郷が下野すると、これに従って辞職した。

当時、身のまわりの世話をしてもらっていた女性と別れるおり、桐野は門前に馬上姿のまま、

「故《ゆえ》あって帰国する。金がないのでこん短刀を餞別に……」

と菊一文字の短刀を与え、馬に一鞭いれて去っていったという。

このようにみてくると、桐野は決して単純な〝人斬り〟という、従来のイメージが重ならないことに気がつく。

むしろ、長州閥の山県有朋《やまがたありとも》のライバルとして、薩摩を代表する軍政家の印象が筆者には強い。

ただし、この人には感情の量が多すぎた。

鹿児島に帰って私学校をおこし、吉野開墾にも従事した桐野は、佐賀の乱で敗走した江藤新平《えとうしんぺい》が訪ねてくると、救いの手をさしのべようとする。江藤がその申し出をきかずに去るおり、随行者二名をあずけると、この二人を桐野は守り抜いている（のち二人は西南戦争で戦死）。

「こいは、俺《おい》の持病でごわす。人命を救うこと二十五人、こん際ふたり加えてもよかごわはんか」

西郷にそういって、楯をついたとも伝えられている。

桐野は冷静に、時勢を見ていた。

「時勢論」（『西南戦史』『西南記伝』所収）に拠れば、天・地・人――この三つが揃わぬかぎり、決

起する意思はなかったようだ。

ところが、私学校の人々が暴発してしまった。

「ちょ、しもた」（万事休す）

大事を誤った、と桐野は理解しながらも、彼らが捕らえられる辱《はずかし》めを忍ぶことはできない、といい、もはや断の一字あるのみ、と決起にふみ切った。

大量すぎる感情が、ついに理性を超えてしまったわけだ。

熊本城はかつて、己れが司令長官をつとめた鎮台のあるところ。一戦せずしてなびくのではないか、と思われたが。そうはいかなかった。桐野の感情過多＝甘さが、こういうところにも出てしまった。

明治十年九月二十四日、桐野は城山の露と消えた。享年四十。

西郷は桐野について、学問があれば天下を取っていた、と寸評したことがあったが、この学問はおそらく、冷静沈着、合理的、冷酷といった感情を抑える意味のものであったろう。

そう理解すれば、納得がしやすいのではあるまいか。

1838〜1877

身変わりの早さで栄達した「周旋家」伊藤博文 ① 最下層から「手附」へ

筆者は大阪に生まれ、育ったため、いつまで経っても幕末維新に活躍した、長州人が理解できない。かつて徳川時代に、防長二州を領有し、三十六万九千四百十一石をもって外様の雄藩として栄えた――略歴風には理解できるが、各々の人物をみると茫漠《ぼうばく》としてくる。

たとえば、日本の最南端に位置した薩摩藩は、幕末、長州同様に個性的な人物を輩出したが、彼らは全体として、薩摩一藩を中心に行動した。これは理解できる。が、一藩ことごとくが狂奔したように、幕末、各々の人物がはねあがり、ついに所属している長州藩をも否定する言動にいたった吉田松陰《よしだしょういん》は、筆者の理解を超えた英傑といってよい。

しかもこの藩は当初、尊皇攘夷を唱えて、異国船をみれば打ち払おうとした否、事実、打ち払っている。その行動はよい。しかし、欧米列強の馬関（下関）攻撃を受け、一敗地に塗《まみ》れると、一転、開国を本音としながら、幕府を困惑させるための政治手段に、名目上の攘夷を迫りつづけた。

薩摩藩も、身変わりの早さについては長州と変わらない。が、この藩はもともと島津斉彬《なりあきら》という名君の時代から、実質、開国方針であった。

――長州は違う。

攘夷を主張して外国と一戦し、敗れるや瞬時に趣旨をコロリと変えてしまった。

その転向についていけなかった松陰は、もはや藩は頼りにならない、草莽（一般の庶民）とともに革命に立ち上がるべし、と檄《げき》を飛ばしたが、それに応ずる弟子はいなかった。

そのくせ、松陰の獄死後、先生の仇《あだ》をとらねば長州男児は世の中に顔を出せない、とくる。

不思議な、滑稽感のともなう人々である。

それを、最も具現化している人物をひとり探せ、といわれれば、筆者は伊藤博文《いとうひろぶみ》をあげる。

明治の数多い政治家の中で、伊藤は最も著名である。それは明治十八年（一八八五）に内閣制度ができたおりの、初代総理大臣であるとともに、明治期、七人の首相が国政を担ったが、その中で四回も首相に任命されたことでも明らかであろう。

筆者には理解できない人物であるが、一部には人気があった。「今太閤」などとも、称せられている。

伊藤は長州藩の足軽以下、最下層の家に生まれている。公式な姓氏は与えられておらず、周囲は彼を単に、「利助《りすけ》」と呼んだ。

伊藤姓を称するようになるのは、彼の父が伊藤家の養子となったことにより、安政元年（一八五四）になってからで、この年、士分となった。名を、俊輔《しゅんすけ》と改めている。

彼の栄達の手品のタネは、安政の大獄で一度長州に戻された、吉田松陰の松下村塾に出入りしたこの一点にあったといえる。十七歳のおりのことであった。

1841〜1909

松陰は身分に関係なく、塾に出入りする人々に、夢と希望を与える教育を実践した。たとえば伊藤については、

「君には周旋家の才がある」

と褒めた。褒められた伊藤は、天にも昇る気持ちであったろう。

天下の犯罪人とはいえ、松陰は長州藩を代表する人物として、広く天下にその名を知られており、六歳で山鹿流兵法師範の吉田家を相続し、十一歳で藩主の前で講義をした、との英才ぶりは長州人で知らない者はいなかったはずだ。藩主や藩の上層部も、この人物の才能を評価し、大切に育《はぐく》んだ。

その松陰がなそうとしたことは、攘夷のための欧米列強の視察――あえて国禁を犯して、彼は海外に出ようとして失敗し、捕らわれの身となったわけだ。

それだけに、松陰を敬慕する人は決して少なくなかったといえる。

無論、伊藤はさほどに松陰のことは知らなかったはずだ。寛容で身分にとらわれず、学問を教えてくれるところに惹《ひ》かれたのだろうが、それにしても世の中で英雄視されている人物に、「周旋家」としての評価をもらった、このことは伊藤の生涯にとって重大であったろう。

世の中の伊藤贔屓の人は、この「周旋家」をもって、大政治家になれると松陰が断じたかのごとく受け取るむきもあるようだが、筆者はそうは思わない。

出身から考えても、自分より身分の高い人物に取り入る才覚、人と人の間を往来しながら、相互

の人間関係を円滑にする役まわり、といった程度のものであったのではないか。

幕末、混乱する長州にあって、十九歳の伊藤がまず、取り入ったのが桂小五郎《かつらこごろう》（のちの木戸孝允《きどたかよし》）であった。その「手附」となっている。

桂の家は家禄百五十石で、彼は藩医・和田昌景《わだまさかげ》の子であり、養子入りして桂を称していた。

桂は藩が挙《こぞ》って期待するほどの人物であり、正確には松陰の弟子ではなかったが、学問を学び、交流をもっていた。この人物に取り入り、その従者となった伊藤は、暴走する長州藩が無鉄砲にも京洛の地で尊皇攘夷を振りかざして暴れ、やがて文久三年（一八六三）の八・一八政変で、薩摩と会津の二藩を中心とした勢力に京を追われるさまを傍観しつづける。

この間、伊藤がなしたことといえば、文久二年十二月、二十二歳のときに高杉晋作らとともに総勢十二名でイギリス公使館を焼討ちしたことぐらいであろうか。

京を追われ、捲土《けんど》重来《ちょうらい》を期して武装上洛を決行した、翌元治元年（一八六四）七月の禁門の変――このおりには、伊藤は日本にその姿がなく、同年の五月に横浜を出発して、九月にはロンドンに着いていた。

結局、翌年の六月には帰国するのだが、このわずかな留学がのちに、伊藤には幸いした。

1841〜1909

身変わりの早さで栄達した「周旋家」伊藤博文　②女性と縁日の花を同一視

――この頃の、長州は常軌を逸脱していたといっても過言ではあるまい。

幕府連合軍と京都で戦い、一方で外国船を無差別に砲撃し、元治元年（一八六四）八月には四ヵ国艦隊の馬関（下関）砲撃、翌日の砲台占領を招く。

伊藤にとって、当時の心配事は、禁門の変に敗れてのち、唯一の出世の糸口であった桂が行方不明となったことであったろう。

さて、戦災の中、出世のタネである桂小五郎を見失った「伊藤俊輔」は、どうしたか。

桂の代わりに、松下村塾の先輩である高杉晋作《たかすぎしんさく》を頼り、今度はこの先輩の下で「周旋家」の才覚を発揮する。

活躍の場は、すぐに設《しつら》われた。

英米仏蘭の四ヵ国と講和交渉をすることになり、伊藤はにわか留学の経歴を買われ、その通訳をつとめることになる。

そして、そのあとは、長州に生まれた〝雨後の竹の子〟のような〝諸隊〟の一つ――力士隊の隊長にそつなくおさまった。これはいうまでもなく、藩の正規軍ではない。

内憂外患の中、幕府に恭順の意を表した保守派中心の長州藩は、当然のごとく、狂奔した尊攘派の人々を捕縛しようとし、狙われた高杉は亡命した。

しかし、このまま長州が幕府のいいなりになっていては、〝回天〟の日は訪れない。

元治元年十二月に、高杉は亡命先の九州から、密かに舞い戻ってくる。

彼は、〝諸隊〟を決起させて、藩の正規軍を倒し、再び尊皇攘夷の藩庁に戻そう、と画策した。

かつて高杉が、危機の藩主・毛利敬親《もうりたかちか》を救うべく、自ら創設した身分を問わない奇兵隊は、隊長が代替わりしており、このおり奇兵隊を預かっていた山県有朋は、奇兵隊二百人に対して、正規軍＝藩兵千人の戦いに難色を示す。

「高杉さん、いくらなんでもこれでは勝てぬ」

山県は熟考の末、高杉の申し入れを拒絶した。

すると高杉は、

「そうか……。では、せめて馬一頭をくれ」

という。

何に使うのか、と問われた彼は、藩主に会いに行くのだ、と答えた。

「行きつく前に、殺されるかもしれないが——」

と前置きして、高杉はここで名言を吐く。

「一里行けば一里の忠、二里行けば二里の義となる」

1841～1909

と。

このとき、この自殺行為に近い進軍に、同行します、といい出した男がいた。村相撲出身の力士隊、わずかに二十名を束ねる伊藤であった。

——彼はここで、一か八かの勝負に出たのである。

この戦いで高杉が、まさかの逆転勝利をおさめたならば、自らも再び浮かび上がることができる。負けたとて、生命《いのち》以外に失うものはない。

この日本の将来を決する戦い、天才的戦術眼の高杉が勝った。

長州は再び尊攘派の天下となり、それを許せぬ幕府は第二次長州征伐＝四境戦争を仕掛けた。が、今度はまさか、の幕府連合軍の大敗となってしまった。

なによりも大きな要因は、この間、桂の再登場により、薩長連合が密かに締結されたこと。武器・弾薬を薩摩の名義で購入し、坂本龍馬の亀山社中が周旋、長州にまわしたことが大きかった。この二藩の実力が、そのまま幕末最後の戊辰戦争へつながっていく。

官軍となった薩長二藩を主力とする軍勢は、江戸無血開城を果たし、東北地方を制圧。蝦夷（現・北海道）の五稜郭に立籠《たてこも》った榎本武揚の旧幕残党を降参させ、やがて新政府の幕開けとなる。

明治元年（一八六八）に外国事務局判事となってからの、伊藤の出世は考えられないほど早かった。

彼は得意の「周旋家」としての才能を発揮、薩摩閥の代表・大久保利通と長州閥の代表・桂の間を取り持つ役割を担った。

さらに、岩倉具視を正使とした使節団の欧米歴訪の旅で、大久保ととりわけ親しくなり、幕末の混乱期を経て、疲労困憊していた桂から、エネルギーにあふれる大久保に上司を乗り替え、今度はその忠実な部下となった。

伊藤の予測は当たり、明治政府を率いた大久保の引きで、明治六年には参議兼工部卿となっている。このとき伊藤は、まだ三十三歳であった。

征韓論で野に下った一方の実力者・板垣退助《いたがきたいすけ》と、政府の大久保との間を周旋し、大阪会議に漕着けたのが明治八年のこと。

伊藤は大久保の暗殺により、その後継者争い＝大隈重信《おおくましげのぶ》との確執に勝利し、それまで大久保が座っていた内務卿のイスに横すべりし、四十四歳のおりには伯爵となっている。

その翌年、彼はついに人臣として、位を極めた。十二月二十二日、新しく確立された内閣制度により、初代の内閣総理大臣兼宮内大臣となったのである。

これは大日本帝国憲法の起草に、主導的な役割を果たした功績が大きく、このおりも井上毅《いのうえこわし》、伊《い》東《とう》巳代治《みよじ》、金子堅太郎《かねこけんたろう》ら専門家をうまく働かせ、「周旋家」としての才覚を遺憾なく発揮した成果といえなくはない。

日清戦争、日露戦争と、伊藤にとっては心休まらない難問が、次々と現われてくるが、彼は持ち

1841～1909

前の楽天主義から、際どいながらも一つ一つを巧みに解決していく。

この伊藤の力の源泉は、何であったのか。もとより権勢欲、名誉欲であったことに間違いない。そのスタートはおそらく、成り上がりの志向であろう。

名もない身分に生まれ、位を極めた伊藤——この立志伝中の人物を、ドイツ人医師E＝ベルツは、

「公は酒と女と煙草を好めり。しかもこれを秘せんとせず。常に曰く、君等は我より何を期待せんとする者ぞ。終日国務に鞅掌《おうしょう》し、頭がグラグラする時、晩酌を傾くるに、制服着用の給侍よりも、無邪気にして綺麗なる芸妓の手の方がなんぼう慰めになるか知れぬ」（春畝公追頌会『伊藤博文伝』）

尾崎行雄《おざきゆきお》は、伊藤は女と縁日の花を同一視している、と記したが、とにかく彼の〝女あさり〟は常軌を逸脱していた。芸妓であろうが、人妻であろうが、お構いなし。しかも、容姿の美醜を問わなかったというのだから、変わっている。女性はすべて、使い捨てにされた。

そうして英気を養ったはずの伊藤は、明治四十二年十月二十六日、ハルピンで安重根《アンジュングン》によって暗殺される。享年六十九。

さしもの「周旋家」の才も、女性への脱線もあり、晩年はいささか鈍っていたのではあるまいか。

兄・隆盛をおもいつづけた生涯——西郷従道

明治・大正と、日本の政界に異彩を放った大隈重信《おおくましげのぶ》（一八三八〜一九二二）が、同僚ともいうべき五歳年下の西郷従道《さいごうつぐみち》を評した談話が、ほぼ同時代の評論家・鳥谷部春汀《とやべしゅんてい》（一八六五〜一九〇八）の著作に出てくる。

それによれば、大隈はどう判断していいか困ったように、

「猛将に非ず、智将に非ず、謀将にも非ず、天成の大将にして、将の将たるの器を有《ゆう》するものなり」

と、自らも考えを巡らしながら、従道の人となりを語り、その最も尊いところを、

「無邪気にして野心なきにあり」

と結論づけた。

確かに、西郷従道という人物は、政治的野心のない人として知られてきた。〝薩摩閥〟の代表として、望めば内閣総理大臣にも当然、なり得たものを、生涯、参議・内閣の重鎮として、文部・陸軍・農商務の〝卿〟をつとめ、その後は大日本帝国憲法の下で、海軍・内務の大臣を歴任した。

とりわけ、明治二十六年（一八九三）三月の第二次伊藤博文内閣において、海軍大臣をつとめた従道は、以来、明治三十一年十一月まで、通算十年に及んでこの要職にありつづけた。日本の近代海軍が整備された時期に符合し、その最大の功労者を筆者は、西郷従道だと考えてきた。

1843〜1902

「人と功を争わず、名を当世に求めず、超然として得失利害のほか（外）に立つ」

と大隈を感嘆させたその生き方は、稀にみる無欲なものであり、人物としての「器」ということでいえば、それこそ実兄の西郷隆盛と比較しても、決して遜色のない大きさを秘めていた。

従道の孫にあたる西郷従宏《じゅうこう》の著した『元帥西郷従道伝』に拠れば、同時代を生きた評論家の三宅《みやけ》雪嶺《せつれい》は、西郷兄弟を次のように述べている。

「従道はある点において兄隆盛に似、ある点においてすこぶるそれと違う。隆盛は狷介《けんかい》（がんこ）ではないが、ひろく交際することを好まず、むしろこれを嫌った。従道は誰とでも談笑し、酒を飲み裸踊りすることもある。微細なことは知らないような顔をしていて、要領を得、調停に長《ちょう》ず」

雪嶺は、従道には隆盛の如き悲壮な気風はなかったが、器の大きさでは一長一短だった、と述べていた。隆盛を〝大西郷〟、従道を〝小西郷〟と称する所以《ゆえん》は、「悲壮な気風」の差だけではないか、といった雪嶺の口吻《こうふん》すら、筆者には聞こえてきそうだ。

そういえば、兄隆盛が、郷里の後輩・山本権兵衛《やまもとごんのひょうえ》に、弟を語ったものの中に、

「信吾（従道）は吉次郎《きちじろう》（従道の次兄、戊辰戦争で戦死）と違い、少々智恵があるゆえ――」

というのがあった。この「智恵」を、やがて従道の部下として働くことになった権兵衛は、後年、絶大な尊敬を払っていた〝大西郷〟に比して、

「才子ふうにしてよく人と交わり」

と述べたことがある。

「智恵」といい、「才子ふう」という。

では、二人の行動力に差があったのかといえば、そうではない、と冒頭の大隈は断じている。

「大事に臨んで（従道は）驚くべき胆勇を現《あら》わすことあり」

と。

筆者はこの独特な性格は、生涯、兄の隆盛をおもいつづけた従道の、己れに向けた反省、兄を反面教師ともした心の軌道に拠るものではなかったか、と疑ってきた。

天保十四年（一八四三）五月四日、従道は薩摩藩の下級藩士（御小性与《くみ》）の西郷吉兵衛の第六子（三男）として、城下の下加治屋町に生まれている。

幼名を龍助。茶坊主として、藩主・島津斉彬の時代に城へ出仕し、「龍庵」と号したが、ほどなく還俗して信吾（慎吾とも）と称した。

諱《いみな》は隆興《たかおき》が正しく、いつの間にか従道《つぐみち》（あるいはそのまま「ジュウドウ」）となった。

――これには、逸話がある。

明治になってから、戸籍を作るにあたって、太政官（政府）に出頭した従道は、自らの諱を「りゅうこう」と発音した。が、江戸っ子の役人にはこの薩摩弁が、「じゅうどう」と聞こえ、「従道」となったという。あとで、己れの名前が間違えられて記されたことを知った彼は、驚きつつ、

1843～1902

「おいは従道《じゅうどう》でごわすか」

と、そのまま自らの本名としてしまった。

長兄が吉之助隆盛、次兄が吉次郎、弟に小兵衛《こへえ》がいた。その生涯はなるほど、長兄によってほぼ定まったといえるものであり、兄を〝大西郷〟と称するのも、決して間違いとはいえない。

隆盛の影響と指示で幕末、従道は国事に奔走し、尊皇攘夷運動に身を投じて、文久二年（一八六二）四月の寺田屋事件では、〝突出〟の連座を問われ、謹慎を命ぜられたこともあった。

薩英戦争、禁門の変、つづく戊辰戦争にも、彼は薩摩藩の若手士官として参戦。戦地で重傷を負ったこともある。

維新後、新政府が〝薩長藩閥〟によって成立したことから、従道はその将来を期待され、明治二年（一八六九）より翌年にかけて、長州藩出身の山県有朋とともにヨーロッパ視察に出発している。

そして帰国後は、欧州で学んだ先進国の諸制度を参考に、日本の軍制改革、警察制度の確立に尽力した。どちらかといえば、「智恵」「才子ふう」が表面に出る人柄であったが、少しずつ自らの表情をにぶく創り、腹の中を他人には見せなくなっていく。

とくに、明治六年の兄隆盛の征韓論による下野に同調せず、袂を分かって政府に残ったあたりから、その傾向は顕著になったように思われてならない。

一方で陸軍中将として、その翌年には強硬な台湾出兵を唱え、政府の事実上の〝宰相〟であり、故郷の先輩、後見人でもある大久保利通の説得をも振り切って、軍勢を海外に押し出すといった、情の強《こわ》さを示したこともあった。

明治十年の西南戦争でも、政府軍の「征討参軍」として出動した山県に代わって、陸軍卿代理をつとめている。隆盛の敗死後、風貌を韜晦《とうかい》することが、ますます際立つようになった。

そのため、大隈のような、それこそ秀才型の人物から見ると、従道のようなタイプは、理解しにくい畏敬の対象であったようだ。

「無能無為」

といいつつも、ついには思いいたったように、

「あたかも貧乏徳利の如し」

と評した。

その理由は、何でも入れる「器」に尽きた、ということのようだ。貧乏徳利は酒も容れるし、酢、醤油も容れる。従道は政府のいかなるポストに就いても、そつなくその重責を全うした。この何でもやれる度量こそが、「将の将たる器」ということになるらしい。

筆者はこれまでにも、風土気質を加味し、

「薩摩的将帥《しょうすい》」

といったリーダー像を、日本史の中で区分、記述してきた。

1843〜1902

すでに、見た、西郷隆盛や大久保利通に代表される、薩摩人のリーダーシップのことであるが、この独特な「将帥」はまず、己れの実務のいっさいを委せられる〝秀才〟〝逸材〟を探すところから始まった。貧乏徳利にたとえれば、〝頑丈さ〟とでもいえようか。

明治海軍の大改革を指揮した従道の場合は、当時、大佐で官房主事の役職にあった山本権兵衛を見出し、活用することであった。

「薩摩的将帥」は、実務者を定めると、己れの感情は煙のごとく消し去り、個人の利害を顧慮することなく、徹底して目的遂行にのみ邁進した。

マスタープラン＝方向性は明解に指し示すが、それ以外は何もしない。

その方法論に関しては、すべて実務者のやりやすいように、全権を委譲してしまうのである。なすべきことは、自身を象徴のごとくに保ち、心で組織を包み、万一、実務者が失敗すれば、すべて己れが責任をとる＝腹を切る覚悟を固め、決していいわけをしない。

山本権兵衛は日露戦争時、海軍大臣となり、のちに総理大臣を歴任することになるが、その出発点、人物評価が政府内に大いにあがったのは、日清戦争の前に、海軍省の老朽・無能幹部を、大量に整理したその辣腕に拠る、といわれてきた。

整理すべき海軍の将官や佐官は、すべてが山本の上官であり、なかには郷里の先輩も多くあった。

それを一大佐が整理＝〝クビ〟にするには、当然のことながら、後ろ盾を必要とした。それも生半可な、腰砕けになるような人物では、所詮、この難事は断行できない。

「思いどおりにやってください。すべての責任は自分《おい》が持ち申す」

ときの海軍大臣・従道はそういったものだが、この二人にまつわる、格好のエピソードも残っていた。従道が海軍大臣に就任して、早々のことであった。

〝切れ者〟といわれた権兵衛は、この得体の知れない新任の上司に、大臣教育を施すべく、海軍の全般にわたるレポートを作成し、提出した。

レポートは一読すれば、海軍の現状と将来の展望がわかるように述べられてあり、さすが知謀の人、権兵衛らしい会心の出来映えであったといわれている。

ところが後日、権兵衛がレポートを読んでくれましたか、と水を向けると、従道はこともなげに、

「いいえ」

と答えた。

これを無関心のためと受け取った権兵衛は、大臣に厳しく意見したが、従道は飄逸な人柄に笑みをたたえて、次のように応じた。

「山本さん、自分《おい》は海軍のことは、みなさに委せております。自分《おい》はみなさの決めたことを、内閣で通せばそれでよかでしょう」

――明治三十一年には、次のようなことが起きた。

1843〜1902

戦艦「三笠」を発注したおり、海軍の予算はすでに尽きていて、手付のための前渡金がどうしても捻出できない。このとき四十七歳の権兵衛は、海軍大臣になっていた。切れ者の彼も、ついには万策尽きてしまったようだ。彼を引きあげてくれた九歳年上の従道は、ときに内務大臣であったが、困り果てて意見を求めてきた権兵衛に対して、いともあっさり、次のようにいってのけた。

「山本さん、それは買わねばなり申はんなァ。予算を流用すればよか。もちろん、違憲じゃ。じゃっどん、議会に追及されたなら潔く、ふたり揃って二重橋の前で、腹を切ればよか。自分たち二人が死んで、最新鋭艦が手に入れば、そいは結構なことではごわはんか」

日本の連合艦隊の旗艦として、「三笠」が日本海海戦に出撃。大活躍して、日露戦争を勝利に導いたことは、周知の通りであった。

従道には、こういう〝将帥〟があった。

明治二十七年、海軍大将に昇進した彼は、その翌年に勃発した日清戦争の功績により、侯爵に叙せられ、同三十一年には「元帥府」に列せられた。晩年は〝元老〟として遇され、藩閥勢力の調停役を、専らのつとめとして、できるかぎり表に出ないよう、終始、裏方をつとめた。

明治三十五年七月十八日、胃癌のために死去している。享年は六十。

おそらく、あの世とやらで兄隆盛と再会しても、ともに談笑できる生涯ではなかったろうか。

理想のリーダー・薩摩的将帥を体現した東郷平八郎

明治日本の命運を担《にな》う、日露戦争時の連合艦隊司令長官に、東郷平八郎《とうごうへいはちろう》中将が任命されたおり、関係者は一様に首を傾げてしまった。

「とりわけて無能とまではいわぬが、要するに凡将であろう」

それが抜擢《ばってき》されたのは、藩閥薩摩の出身者であったからに違いない。部下の将兵は東郷に、決して高い評価をくだしてはいなかった。

「停車場の前が埋立地であったので、地面がでこぼこしていて、水溜りもある。東郷さんはその埋立地をヨボヨボ下を向いて歩くのだから、いよいよこの人は駄目だと思った」

東郷を出迎えた森山慶三郎《もりやまけいざぶろう》少佐（のち第二艦隊第四戦隊参謀）などは回想したものだ。

連合艦隊司令長官にかぎらず、組織を動かすリーダーには、次の二点が要求される。

組織の進むべき方向を明確に示す。

組織運営にあたって、適時に意志決定をする。

ひどい話だが、東郷をトップに戴いた連合艦隊の幹部たちは、当初、この二項を司令長官に求め

1847〜1934

ても無理《むり》だろう、と判断していた形跡すらあった。

逆に、このおりに衆望を一手に担っていたのが、海軍少佐の島村速雄《しまむらはやお》であった。

もっとも、この期待の星＝は、例外的に東郷の人物を買っていた。

ときの海軍大佐・山本権兵衛は熟慮の末、本命といわれた薩摩藩出身の日高壮之丞《ひだかそうのじょう》をしりぞけ、島村が買う東郷の起用に踏みきった。

東郷は、異例ながら四十八歳の島村を第二艦隊司令官となし、彼が創りあげた艦隊操法をもって、その育てた海軍兵学校出の若手エリート艦長を率いて、日本の明日を決する日本海海戦に臨む。

日露開戦後、島村は東郷を助け、その期待に応えて、名参謀ぶりを発揮するが、ロシア艦隊も日本の艦隊の習性《クセ》＝一定の運動を読み、それを衝いて五十個もの水雷を沈め、日本の戦艦「初瀬《はつせ》」「八《や》島《しま》」を接触させて沈没させることに成功した。六隻しかないトラの子の戦艦のうち、瞬《また》く間《ま》に二隻がこの世から消えた。この損失には、自分たちが国運を担うと自負するエリート艦長・参謀たちも顔色を変え、ただ茫然自失《ぼうぜんじしつ》の態《てい》となった。

――このときである。

東郷が、はじめてその秘めていた真価を発揮した。

彼は相次ぐ悲報の中、顔色一つ変えることなく、報告にくる艦長・士官たちに、ただ一言、

「ご苦労でした」

とだけ、告げた。

激昂も悲憤も一切表わさず、虚勢も張らず、強がりもいわない。

東郷はいつもと何ら変わらぬ態度で、終始した。

こうしたリーダーシップを、筆者は〝薩摩的将帥《しょうすい》〟と呼んできた。

これはまさに、日本型リーダー・シップの真髄《しんずい》といってよい。

この特徴は、実務者を定めると、すべてをその人間にまかせ、リーダーは己れの感情を煙のごとく消し去り、徹底して傍観者《ぼうかんしゃ》を決め込む。マスタープランを一応は示すが、それ以上はなにもしない。なすべきことは、自身を象徴のごとく保ち、心で組織をまとめ、万一、実務者が失敗しても、決して己れの保身を考えたり、言い逃れはしない。すべての責任を一身に負い、その処理にあたる。

いまの日本でも、十二分に通用するリーダーではあるまいか。

東郷平八郎は明治三十七年の時点で海軍大将となり、大正二年（一九一三）には元帥となっている。昭和九年（一九三四）五月三十日、八十八歳をもってこの世を去った。国民は東郷を、国葬をもって送っている。

1847〜1934

薩摩的将師を日露戦争で体現した大山巌

――日本独自のリーダーシップ＝薩摩的将帥は無論、陸軍にも当てはまった。

たとえば日露戦争時の、満州軍総司令官・大山巌《おおやまいわお》しかり。

幕末、常に従兄弟《いとこ》にあたる西郷隆盛のかたわらにあって、その秘書官の役割を担《にな》いつづけた大山は、明治十三年（一八八〇）には陸軍卿となり、同十八年には陸軍大臣に栄達した。

日清戦争では、第二軍司令官をつとめている。大山本人はもともと、きわめて理数的な頭脳をもち、〝切れ者〟の風貌が強かったが、西郷に将帥学《しょうすいがく》を学び、その西郷が西南戦争で国賊となったこともあって、自らの存在をできるかぎりかき消すように、努力した。

結果、世間では大山の出世を、単に薩摩閥の恩恵によるものと見做《みな》してしまったようだ。

日露の風雲が急を告げるようになっても、参謀本部総長の職にあった大山は、格別、国民から期待されることはなかった。

陸軍の作戦計画はおおむね、参謀本部次長・児玉源太郎《こだまげんたろう》（長州閥）が立案したといってよい。

その児玉が、満州軍総司令官の人事を固めるにあたって、熟慮の末に推挙し、自ら担《かつ》ぐべく、懸命に運動したのが大山であった。

就任を要請されると大山は、

「戦《いくさ》の詳細については、児玉さんにすべて一任しもす。じゃどん、負け戦になったときは、自分が陣頭で指揮をとり申す。それでよかですか」

と注文を出した。

満州でのロシア軍は二十三万、日本軍は十四万でしかない。

極めて不利な戦局にあったが、大山は常に泰然自若としていた。全戦線が危うくなったとき、味方を大崩壊から救うことだけが、己れに課せられた任務だ、と割り切っていたように思われる。

いうまでもなく、リーダーがその器量を問われるのは、順風満帆《じゅうぷうまんぱん》のときではない。逆である。二進《にっち》も三進《さっち》もいかなくなった苦境の時こそ、将帥の真価が問われるのだ。いかに沈着豪胆に、しかも適切な措置がとれるか否か。

――沙河《さか》の戦いで、日露両軍が激突した。

勝敗は予断を許さず、これにはさしもの日本陸軍のエリート参謀たちも騒然となった、まさに、そのときのことである。

智将・児玉までが感情的になって、事態の収拾がつかなくなったこのおり、昼寝を済ませて、参謀たちの前に突然、姿を現わした大山はいう。

「児玉さん、大砲の響きがし申したが、朝から戦《いくさ》でごわすか……」

参謀たちは何を、と思った。

1842〜1916

当然ではないか、ここは戦場だ、と。

ところが不思議なことに、そう思う反面、なぜかおかしさが込みあげてきた。興奮に熱くなっていた部屋の空気が、大山の一言で瞬時に、もとの冷静さに立ち戻ったのである。

この総司令官は死ぬ覚悟をもって満州へやってきたが、外貌はいつも茫洋としており、薄らぼんやりとした風を周囲の者に印象づけてきた。

戦闘の最中、毎朝、日の出をおがみ、白菜の漬け物を作っていただけだった、との挿話もある。なにもしていないようでいて、実はこの男ほど、全軍の末端までよく目の届いていた人も、ほかにはいなかったに違いない。

日本陸軍は連勝をつづけ、奉天《ほうてん》の大会戦に勝利して、バトンを海軍に渡した。東郷平八郎率いる連合艦隊が、日本海海戦に史上空前の大勝利を飾ったのは周知のとおりである。

昨今、逆境に弱い政治家、官僚、経営者が増えてきた。将帥とは何か。改めて考え直すことも、このきわめて厳しい国際社会の中で、あながち無駄なことではあるまい。

大正五年（一九一六）十二月十日、大山巌は七十五歳でその生涯を閉じた。

日本近代教育を創始した森有礼 ①「自由」の意味を求めて

幕末、二十九歳で刑死した長州の吉田松陰が、その亡くなる年＝安政六年（一八五九）の春、書簡の中で、

「那波列翁《ナポレオン》を起してフレーヘードを唱へねば腹悶医《ふくもんい》し難《がた》し」

と、ナポレオン一世を引き合いに出して、オランダ語を使った。

フレーヘード、今日ならば「自由」と訳されるこの言葉が、当時、まだ日本語にはなかった。

明治以降、「自由」は一般に使用されるようになるが、なかでも自由民権運動の冠として、使われ、流布された印象が強い。

薩摩・長州が牛耳る藩閥政治に対抗して、「自由党」が誕生したのが明治十二年（一八八一）、松陰の「フレーヘード」から二十二年後のことであった。

だが、自由党の幹部として活躍した河野広中《こうのひろなか》（元陸奥国田村郡三春藩郷士）は、明治五年刊行の『自由之理』（旧幕臣・中村正直《まさなお》訳）を読んでいたものの、「自由」という言葉に灼熱《しゃくねつ》したものを感じつつも、その意味が十分には理解できなかった、とのちに述懐している。

おそらく、大半の日本人が「自由」を理解していたとはいいがたかった。

もしかすると、今日にいたってすら「自由」のもつ、いくつかの側面、フリーダム、リバティ、

1847〜1899

あるいは「リベラル」を、本当には理解できていないのではあるまいか。

なかでも「リベラル」は、いまだ日本語にはない。中国の古典から借用すれば、「中庸《ちゅうよう》」がこれにあたるだろうか。

なにしろ、日本史の中で「自由」が、国民共有の意識として、何となく理解できるようになったのは戦後のことである。

幕末、はじめて欧米列強の国々を訪ね、そこに滞在し、勉学した人々のみが、その実感を理解できたに違いなかった。

中村正直しかり、薩摩藩留学生しかり――ただ、その人数はきわめて少なかった。

ふと、思うのだが、かけ離れて文明速度の遅い国から、速い国へ――たとえば、日本の近世にすまう人が、欧米諸国の近代にタイムスリップしたとすれば――その人はつぶさに見聞したものをもって、帰国後、同胞たちにどのような行動をとるであろうか。

もしも、その人が国家の権力を行使することのできる立場であったならば、何をどうしたであろうか。

自国の人々が大いに遅れている、という実感を恐怖と共に痛感していたとしたら。

日本の初代文部大臣となった、森有礼《もりありのり》こそが、そうしたタイム旅行者であった、といってよい。

幕末の弘化四年（一八四七）七月十三日、有礼は薩摩藩士・森喜右衛門《きえもん》の五男として生れている。

幼名が助五郎《すけごろう》、のち金之丞《きんのじょう》。有礼は諱《いみな》である。

家格は下士の中級「小番」であり、決して富裕ではなかったが、両親はわずかばかりの家財を傾けて、五人の子供の教育に力を尽くしたという。

加えて、時勢に有礼は恵まれた。

生まれる六年前には大塩平八郎《おおしおへいはちろう》の乱があり、徳川幕藩体制そのものが揺らぎを露見し、嘉永六年（一八五三）にはアメリカ東インド艦隊司令長官のペリーが、黒船四隻を率いて浦賀にやって来る。

所属する薩摩藩は、支配地の琉球を巧みに隠れみのとして、密貿易や贋金造り、藩をあげての専売制で富力を蓄え、いわゆる外様の〝雄藩〟筆頭となっていた。

時代は開国と攘夷、尊皇と佐幕に揺れ、幕末の沸点を目指して大混乱となっている。

そうした中、十四歳の有礼は林子平《はやししへい》の著した『海国兵談』を読み、奮然と洋学修行を志したという。

当初、薩摩藩も欧米列強を侮っていたが、文久三年（一八六三）七月の薩英戦争によって、先進国の科学の進歩、兵力の強さをしり、攘夷を大きく修正——その一環として、藩洋学校「開成所」を設け、慶応元年（一八六五）には英仏への留学生派遣を実現する（十三歳から三十一歳までの生徒十二名）。

篤志勉励《とくしべんれい》で学力優秀であった有礼（英学専修二期生）は十八歳で、その一員に選らばれ、イギリ

1847～1899

スへ渡った。

ロンドン大学ユニバーシティ＝カレッジの法文学部に聴講生として入学、西洋諸学を学ぶ一方、慶応二年の夏にはロシア視察にも出かけている。

蛇足ながら、ロシアを訪れた有礼は、ロシアの「農奴解放」を受けて、「リバチー」なる政体に、ロシアは向かいつつある、と手紙に書き、この箇所に「寛政」と添え書きしていた。

自由の訳語がなかったことから、彼は自由主義を「寛裕な政体」とも訳している。きわめて、興味深い。

また有礼は、パリ万国博覧会の開会式にも出席している。

その後、莫大にかかった留学費が、幕府の長州征伐、それに関連しての、薩摩藩の軍備増強のために欠乏し、送金が途絶え、手持ちの学資が底をついたため、有礼はイギリス人ローレンス＝オリファントの勧めで、アメリカに渡り、神秘的宗教家トーマス＝レイク＝ハリスの主催する、コロニィ「新生社」に参加することとなった。

有礼はここで、自己の完全な否定と厳しい規律、激しい肉体労働による無報酬の神への使役を体験し、人間が再生をとげる、と説く社会改良主義的なキリスト教に多大な影響を受ける。三十一歳のときだ。

日本ではちょうど戊辰戦争がはじまろうとしていた。

日本近代教育を創始した森有礼　②国家主導の無念

慶応四年（一八六八）六月、有礼は〝明治維新〟後の日本に帰国し、出身藩が新政府の主力となったことから、彼の〝新知識〟＝欧米列強に関する知識は、新政府の大いに期待するところとなって、七月には徴士外国官権判事に、九月には議事体裁取調御用に、十一月には学校取調兼務となり、明治二年（一八六九）正月には、軍務官判事（議事取調兼務、外国官権判事兼務）となった。

国政改革の実務を、ほとんどまかされた観のある有礼は、明治二年四月、制度寮副総裁心得となった（同年五月には、制度取調御用掛となる）。

だが、遅れた国日本を心の中に、大きな葛藤として抱えていた彼は、エリート官僚として二度、大きな「失敗」をしてしまう。

一つは、「廃刀案」の提出であった。

明治二年五月の時点で、有礼は武士の魂である刀を身に帯びることを、「虚飾」「粗暴殺伐ノ悪習」と断じ、「官吏兵隊之《の》外帯刀《ほかたいとう》ヲ廃スルハ随意タルベキ事、官吏ト雖《いえど》モ脇指《ママ》ヲ廃スルハ随意タルベキ事」と主張、「時期尚早」と止める大久保利通を振り切って、「廃刀案」を公議所に建白した。

結果、「大和魂ヲ有ス者」たちに猛反発を喰い、「右皆否ノ事」と決せられてしまう。

有礼の伝記を最初に書いた海門山人は、「冬嶺孤松」――冒し難いほど峻厳で、孤独な印象を有礼

1847～1899

にみたが、この孤独は彼が欧米列強の〝今〟を見聞したことによった。

ヨーロッパやアメリカで刀を帯びて往来をいく一般の人々はいない。にもかかわらず、〝武士の魂〟を捨て切れない日本の士族たち――。

結局、この一件によって、有礼は引責辞職となり、帰郷を余儀なくされる。

しかし、〝新知識〟の有礼を故郷で遊ばしておくほど、新政府は暇ではない。

すぐに東京出仕の呼び戻し朝命が発せられ、ほとぼりをさます意味合いもあったのか、今度は外交活動をふりわけられる。米国在勤少弁務使として、アメリカへ。明治四年十二月には、ワシントンに至り、ときの国務長官ハミルトン゠フィッシュに信任状を提出している。

――有礼はここでも「失敗」をしてしまう。明治五年のことである。

廟議で決定した外債募集を、在外使臣《ししん》の身分でありながら、国家財政の基礎も固まらず、不平等条約の状勢下で、旧大名゠華士族の家禄を買いもどしたり、鉄道敷設のために外国から公債を募ることは、はなはだしく国家に不利益だ、と反対を表明したのだ。

そのため、有礼のいたアメリカでは公債募集は断念となったが、自らの反対意見を外国新聞に投書してまでも阻もうとした、有礼のやり方が、岩倉具視や木戸孝允を激怒させた。

とくに木戸は、有礼に反感を抱きつづける。

「巧名の馳せるの弊」と非難し、文部省入りを希望した有礼を阻みつづけた。なぜ、そこまで嫌ったのか。有礼は地元の新聞に、漢文の教授を禁止して、英語を学ぶべきだと寄稿。さらに日本人は将来、言語のみならず、ついにはアメリカの生活様式や習慣を採り入れることになるだろう、と報じたことに対する反感であったようだ。

このおりは大久保利通、伊藤博文の取りなしでことなきを得たものの、有礼の心中は常に焦燥感にかられていた。

無理もない。ほんのわずか前の幕末の頃、「東洋道徳、西洋芸術」（佐久間象山）、「器械芸術彼《かれ》に取り、仁義忠孝我に存す」（橋本左内）と、日本を代表する知識者の多くは、胸をはっていた。

精神的なバックボーンは、これまでの日本が培ってきたもので十分であり、足らない最新技術だけ、欧米諸国から補えばことはたりる、と知識者たちは考えてきた。

ところが、イギリス、アメリカに暮らした有礼は、「そうではない」ということに、明解に気がついていたのである。

「今日本の人、追々外国あるを覚へ、漸《ようや》く洋学に趨《おもむ》く者許多《いくた》有之《これあり》候得共、皆其《その》末の技術に走りて本を知らず、若《もし》も今兄右の説を善にし、之に応じ賜はるゝ、夫《それ》に付《つき》又愚慮の趣は御心得にも成らんが為に申し訳」（実兄の横山安武宛・慶応二年七月二十六日の書簡）

技術は思想のうえに、立脚していた。

「自由」、あるいはデモクラシーと呼ばれる思想があってはじめて、西洋文明は利便性の高い機械や

1847〜1899

船を造り出したのだ。

明治の文明開化をリードした福沢諭吉《ふくざわゆきち》の言葉を借りれば、「思想なくして実事《じつじ》起る可《べか》らず、英人の鉄道をつくるは鉄道の思想あればなり」(『教育説』)となる。

中村敬宇《なかむらけいう》も「西洋器芸之精、実与道徳為表裏」といっていた。

明治六年に賜暇《しか》帰朝した有礼は、欧米式学術結社「明六社」を設立、西欧思想の紹介と国民啓蒙運動のために、『明六雑誌』の刊行を決定、以後、講演会を頻繁に開くことになる。

明治七年には「妻妾論」を発表、妻妾同居も珍しくなかった当時の日本にあって、近代的婚姻観に基づく、最初の一夫一婦論を展開した。翌年の自らの結婚では、「婚姻契約」も交わしている。夫婦は対等だ、と有礼は人々の前で契約書を読みあげた。

だが、その結婚式を洋癖の奇態としか思わなかった当時の日本人の多くは、急速にその意識を高めるはずもなかった。

外務小輔、駐清公使、外務大輔、そして明治十二年には駐英公使となった有礼は、欧米列強に大きく遅れをとっいる日本に、歯噛《はがみ》したいような気持ちであったろう。

外務卿　井上馨の下でおこなった、条約改正交渉も、日本国民の民度がわざわいして、なかなか平等改正にはならなかった。

最も信頼していた大久保利通は、すでに明治十一年に横死していた。

明治十五年九月、たまたまパリに外遊中の伊藤博文をその客舎に訪ね、自らの学政構想を披露する機会にめぐまれた彼は、これによって大久保利通の後継者、伊藤の信頼を得る。

二年後、日本に帰国した彼は参事院議官、そして文部省御用掛兼勤を任ぜられ、外交畑から一転して文政官への道を歩むことになる。

まず、国民を近代人にしなければ――すべてのスタートは教育である、と有礼は考えたようだが、日本人はまだ全体に近世の眠りからはさめていなかった。

本来なら、「革命なき進歩は不可能」であり、デモクラシーは下から沸きあがってくる「自然の法則」でなければならないのだが、植民地争奪戦が行われていた当時、これを待つだけの余裕が、後進国の日本にはなかった。

革命的民主主義の思想家となった植木枝盛《うえきえもり》は、「自由は鮮血を以《もっ》て買はざるべからざる論」を書いたが、これは当然の帰結の一つであったにちがいない。

しかし、待っていては国内が大混乱となる。いきおい有礼は、国家主導の近代教育を模索、実施しなければならなかった。

明治十八年十二月、それまでの太政官制が廃止となり、第二次伊藤内閣が誕生すると、有礼は初代文部大臣として入閣。翌年三月には諸学校令を公布、近代教育制度の全面的改革に着手する。

1847〜1899

その心中はさぞ、複雑無念であったろう。

彼ほど「自由」を求め、日本近代化に生命懸けであたった教育者はいなかったであろうに、その見えすぎる瞳が見すえた、未来の日本の姿を、ほとんどの日本人は理解できず、その腕力にものをいわせたような手法――国家権力による教育制度を批判した。

しかしながら、有礼の文政は、それ以後の国学主義教育とは異なり、合理的な機能的国家観を土台として、あくまでも自立的国民の養成に、主眼が置かれていた。

明治二十年、子爵となったが、同二十二年二月十一日、憲法発布のめでたいこの日、訪ねてきた国粋主義者の西野文太郎《にしのぶんたろう》によって、有礼は刺され、翌十二日に絶命している。

暗殺は、捏造されたデマを信じた誤解によるものであった。

森有礼はその最期まで、多くの日本人たちに理解されなかったようだ。

ドイツ人医師ベルツは、有礼を殺した殺人者を賛美する日本人たちを、異常として、

「この国はまだ議会制度の時機に達していないことを示している」

と、その日記に述べていた。有礼の享年は四十三であった。

日本人はあれから今日まで、どれほど「自由」について考えてきたのだろうか。

七転八倒の人生を生きた高橋是清

「大器《たいき》は晩成《ばんせい》なり」（『老子』四十一章）

といいえば、偉大な人物は晩年に至《いた》って大成する、との意だと思い込んでいる人が多い。

だが、これは後世の転義である。本来の「晩成」は、実は〝できあがらない〟の意であった。

すなわち、「人生、もうこれでよい――」などという完結は、もともとあり得ないのだ、と老子は説いたのであった。

また一方で、「禍福は糾《あざな》える縄の如《ごと》し」とも。災いと幸運は、表裏転変するのが人生なのだ、と。

その見本ともいえる人物に、高橋是清《たかはしこれきよ》がいる。内閣総理大臣・大蔵大臣として人生の後半には輝いたが、彼の前半生は流転に明け暮れたものであった。

まずその出生は、いまでいう私生児。家庭には恵まれなかったが、幕末動乱期に遭遇したことで、いちはやく仙台藩藩費留学生としてアメリカへ。そして、英語という時代の最先端をいく武器を手に入れた。

十六歳で新設の開成学校（東京帝大の前身）の英語教師になりながら、酒と女に身を持ちくずして九州へ都落ちしている。その後も浮沈をくり返しながら、二十七歳で文部省に返り咲いた。農商務省へ移り、初代特許局長になったかとみれば、職を辞してペルーへ渡航。銀鉱山開発を志すが失

1854～1936

敗し、残ったのは「山師」の悪名だけ、といったありさま。ときに、是清は四十五歳になっていた。

さすがにこの頃になると、是清本人も反省したのであろう、日本銀行建築所の臨時事務主任をふり出しに、もう一度、人生をまじめにやり直す気になった。

是清は自らに「修行時代」を課し、日本橋のど真ん中に日銀の大殿堂――三階建てを監督し、正社員となってからは、明治二十六年（一八九三）、日本銀行西部支店長となり、日清戦争の軍事公債の募集などにあたった。

やがて、横浜正金銀行に出向して副頭取にまで進み、明治四十四年には日銀総裁となり、大正二年（一九一三）には山本内閣の大蔵大臣に就任。以来、是清は大蔵大臣に七度も就任したが、昭和十一年（一九三六）――台頭する軍部の、とめどもない軍事費の請求に抗して、激突し、ついには二・二六事件の凶弾に倒れ、八十三歳の生涯を閉じた。

是清の死は、日本の軍国主義がすでに、歯止めの利かないものとなっていることを、世に知らしめたといえる。雌伏《しふく》の時代を耐え、七転八倒しながら、それでも返り咲いたその姿は、のちの業績をも含め、まさに男子の本懐を遂げたもの、といえなくはない。

もし、高橋是清の生涯を素晴らしい人生であった、と評価するのであれば、その要はむしろ、愚かしいまでに奔放であった前半生の中にこそ、のちの栄光の素地があったように思われてならない。

若い頃になにひとつ失敗もなく、無難に、堅実第一主義で日々を過ごした人が、人生の晩年において光り輝いた、などという話は、歴史上、あまり聞いたことがない。

後世に名をとどめた歴史上の人物を具《つぶさ》にみても、生まれてからこの世を去るまで、いつも好調であった、などという恵まれた人もついぞ存在しなかった。

途中までは凡人と同様であったが、逆境に迷い込み、悩み、それでも諦めず、その苦境から必死になって脱出したことで、チャンスを摑んだといった点のみが、異なっていたといえる。

不遇にもいたずらに悲観せず、また、時と場を得たからとて得意にならぬのがよい。が、凡人には残念ながら、それができない。残念なことである。

著者紹介

加来耕三（かくこうぞう）

昭和33年（1958）、大阪市に生まれる。奈良大学文学部史学科を卒業。
同大研究員を経て、歴史家・作家として、
正しく評価されない人物・組織の復権をテーマに、著述活動を行なっている。
「歴史研究」編集委員。中小企業大学校講師。

＜主要著書＞

『戦国武将の生命懸け損益計算書』（土屋書店）
『評伝　江川太郎左衛門』（時事通信社）
『勝海舟と坂本龍馬』（出版芸術社）
『坂本龍馬　本当は何を考え、どう生きたか？』（実業之日本社）
『いまさら入門 坂本龍馬』（講談社+α文庫）
『将帥学 信長・秀吉・家康に学ぶ人を使う極意』（時事通信社）
『後継学 戦国父子に学ぶ』（時事通信社）
『新参謀学 戦略はいかにして創られるか』（時事通信社）
『名君の条件 熊本藩六代藩主細川重賢の藩政改革』（グラフ社）
『日本創業者列伝』（学陽書房）
『日本補佐役列伝』（学陽書房）
『直江兼続と関ケ原の戦いの謎〈徹底検証〉』（講談社文庫）
『坂本龍馬事典〈虚構と真実〉』（東京堂出版）など多数。

幕末・明治の英傑たち

著　者　加来耕三
DTP制作　store.inc
発行者　田仲豊徳
発行所　株式会社土屋書店
〒150-0001 東京都渋谷区神宮前3-42-11
TEL.03-5775-4471　FAX.03-3479-2737
MAIL shop@tuchiyago.co.jp

印刷・製本 暁印刷

http://www.tuchiyago.co.jp